上班心好累

不當
厭世社畜了！

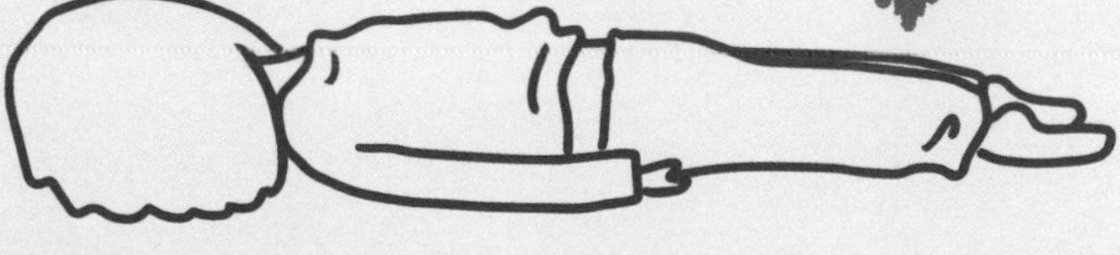

精神科醫生專為上班族所寫
的心理健康書

童小芳 譯　尾林譽史 著

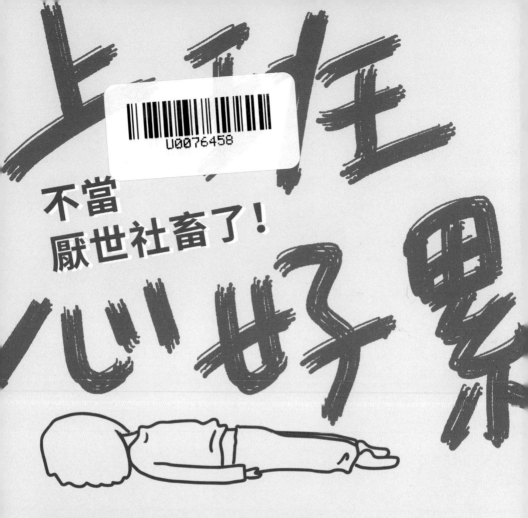

來診所就診的病人經常問我：
「我能恢復到以前的狀態嗎？」
我總是答道：
「你無法恢復到以前的狀態。」
每個人聞言都會面露絕望之色。
我會告訴他們：
「你的狀態將會變得比以前更好。」

前言

「最近總覺得提不起精神……。」

「心情沮喪，對任何事物都興趣缺缺……。」

當心理水位下降至這樣的狀態，任誰都會感到憂慮而不安。

我希望盡量設法讓大家感到安心。

我自己在5年的上班族時期也曾經歷痛苦不堪的心理狀態，正因如此，這種感受才格外深刻。

我在上班族時期遇到的一名精神科醫師，後來成為我的榜樣。

「你走到現在這一步肯定很不容易吧！」那名醫生如此溫柔地寬慰並接納了我。

他以畫圖等淺顯易懂的方式告訴我，「你現在正處於這樣的狀態，差不多需要這麼些時間，應該就能改善到這個程度。」

我認為，當認真的醫療人員與認真的病人建立起緊密的關係時，就會創造出良好的臨床現場，並開闢出一條康復之路。

本書將會從自覺到心理失調的階段切入，逐一談論希望大家事先了解的事項，以求達到最佳的恢復效果。

心理失調並不表示一個人的人格或本性會因此改變，也不意味著從今往後會一事無成。

希望大家都能明白一件事：你是可以康復的，且會變得比以前更好。

尾林譽史

第2章 如何選擇診所與醫生

第3章

該如何一步步進行治療？

第4章 治療與藥物等方面不可不知的事項

第1章

如果你正為了心理水位下降而不知該如何是好時

心理失調＝心理水位下降時，會無論怎麼做都提不起精神，任誰都會煩惱該如何是好。

然而，和一般的身體狀況不佳有所不同，人們往往會對上診所就醫感到遲疑，大多是因為對精神科的成見與誤解所致。

說到精神疾病，過去主要是指思覺失調症（舊名：精神分裂症），一般認為此病必須長期住院，且一旦患病就再也無法恢復正常。明明醫學日新月異，社會也有所轉變，唯獨這種印象仍根深柢固。

如今，精神疾病主要是指憂鬱症與適應障礙症。只要確實治療並調整環境，這兩類疾病都是可以治癒的。

如果無精打采而鬱鬱寡歡，食慾不振又持續難以安眠，二話不說先去趟診所再說。

首要之務是先試著檢視自己當下的狀態！

如果對身體的抗議視若無睹而繼續勉強自己，心理方面會開始出現症狀

心理失調有憂鬱症、抑鬱狀態等各式各樣的稱呼，不過理解這種心理水位下降的狀態是怎麼一回事才是最重要的。

因為精神上或肉體上的壓力導致大腦變得無法正常運作，一般會將這樣的狀態稱為憂鬱症。這是由於血清素等神經傳導物質枯竭，致使心理水位的下降。

在大多數的情況下，人體在心理失調之前就會發出悲鳴。比如頭痛或耳鳴逐漸加重等，每個人身體所發出的疲勞訊號各有不同。以我來說，一旦開始疲累，左眼眼瞼就會痙攣而抽動，或是指尖冒出水泡等，有些人則是出現口腔炎或膀胱炎。

即便身體發出了這類疲勞訊號，有時仍無可避免地要對這些悲鳴或抗議視而不見，繼續努力不懈。

然而，持續努力而超出某個極限值後，心理方面會逐漸出現症狀，如蒙上一層陰影般。心理失調便是以這樣的感覺發生的。

你的心理失調了嗎？

以下試著列舉了4個項目，用來檢視自己是否已經陷入心理失調或抑鬱狀態。

這幾點也是我對來診所就醫的病人必問的事項。

請留意下述4個項目的狀態是否已持續超過2週。

①總覺得悶悶不樂

你是否總覺得有些鬱悶？

比如莫名覺得心情不暢快、即便想做點什麼也缺乏幹勁，或是無論做什麼事，心情都像烏雲密布的天空般晦暗不明。

請試著想一想，相較於往常的自己，現在的情緒是否總是莫名陰鬱或是不暢快？

②最近都無法開心投入熱愛的事物之中

是否能開心投入感興趣的事物之中也是一大關鍵。熱愛的事物、令人忘卻時間沉迷其中的事物，會讓人只要有空就想去做或工作結束後就想去做。

比如每天都花好幾個小時玩遊戲，或是不禁長時間觀看棒球或喜歡的藝人影片等。

一旦處於低水位狀態，有些人只看15分鐘左右的影片就不看了，有些人甚至連播放的意願都消失殆盡。

應該也有些人寧可一直躺平也不想做其他事。

③三大慾望減弱

針對三大慾望中的睡眠，一般的詢問方式是問「你睡得好嗎？」，但是僅憑這點或許很難掌握某些狀況。

・是否能順利入睡？
・會不會中途醒來？
・會不會過於早起？
・起床時是否覺得睡得很好？

建議試著依照上述4點來思考。
如果對任一項的答案有所遲疑，就表示你睡得並不好。
尤其第4項的「是否覺得睡得很好」格外重要。

接著是關於食慾，這點也會因人而異，有人食量小，有人食量大。飲食習慣也各有不同，有些人1天只吃1餐，有些人則是少量多餐。
關鍵在於以個人原本的飲食習慣來做比較，確認食慾是否下降。

最後是第三種，我在診察時也會確認其性慾的有無，尤其當病人是男性時。

這是因為，人在心理水位下降時，性慾多半也會減退。有些情況下，即便從抑鬱狀態恢復了，最終仍未能擺脫性功能障礙。以多種層面來說，生活品質都會下降，所以本人理應確認這一點。

④嫌麻煩而提不起勁

再進一步確認，是否會嫌麻煩或有倦怠感呢？是否做任何事都感到疲倦或提不起勁？

具體來說，就是沒動力去打掃、整理或準備三餐等。有些人即便想吃點什麼，也會覺得出門購買、打開便當包裝或加熱都很麻煩而吃不下。

這並非沒食慾，而是強烈嫌麻煩。最後甚至連洗澡或上廁所都會覺得費勁。

是否不想與人交談？覺得與人相處令人厭煩？

收到LINE的訊息後，即便認為非回覆不可，仍會覺得麻煩而想拖延？

無論是哪一種情況，時間長短是關鍵。

「肚子餓了，冰箱裡什麼都沒有，必須去買點什麼，但好討厭淋濕喔，乾脆1餐不吃好了。」

如果只有在下雨的日子才會產生這種念頭，則不符合。

應該檢視的是，這樣的狀態是否已持續了2週以上。

目前舉出的4種狀態如果只是暫時出現，則不被視為抑鬱症。判斷的依據在於是否有症狀且該症狀已持續了一段時間。

如果該狀態已經持續超過2週，就不能置之不理，最好稍微停下腳步，思考是否有必要好好休息？是否應該在日常生活上費些心思？或是根據情況展開治療等等。

Column 1

當你懷疑自己可能是心理失調時，應思考工作量、工作品質以及人際關係是否有改善的空間。

上一章節已經說過，如果4個檢視重點已持續2週以上，表示心理水位正在下降，所以最好停下腳步，仔細省思一番。

如果是工作者，我會列舉以下3個事項：

- 工作量
- 工作品質（價值）
- 人際關係

建議他們以這3項試著思考看看。

探索是否可透過在這些方面下功夫而有所改變。

①工作量↓如果太多，是否可減量？

第一項為工作量。包括加班與假日出勤等在內，先檢視一下自己是否已經陷入長時間勞動之中。

最近從事遠距辦公的人日益增加，很難將上班與下班劃分開來，使愈來愈多人陷入一直在工作的感覺。

這些都要考慮進去，確認是否已經工作過量。

有些人有工作狂傾向，認為實際工作12小時恰到好處。

反之，也有人即便加班時間看起來不長，卻感到極其疲憊。

加班時間上限的基準線是由「延長工作時間上限之規範」所制定的，但是每個人的狀況不同，所以無法斷言超過幾小時就會造成心理失調，而是要以個人基準來判斷是否已陷入長時間勞動。

話雖如此，我希望大家明白的是，勞動時間愈長，心理失調的傾向就會愈高。

接下來是，當你認定自己的工作量過多時，是否能夠費些心思減量。如果你的回答是「我都是按公司的指示辦事，所以沒辦法」，那麼這方面就沒有改變的餘地。

若是以個人名義工作而非公司員工，則應確認是否有調整的空間。比如「好像工作過量了，下週開始有意識地減少承接的工作量吧」，或是「不行，專案已經啟動了，實在沒辦法」。

關於下述的2項也是如此，如果沒有改變的餘地，就必須透過與產業醫師面談等方法來思考對策。

總之先確認這3項檢視重點是否與自身情況相符。

倘若是符合的，再思考看看是否能自行設法彌補或應對。

②工作品質↓是否能對工作抱持著幹勁？

接下來是工作品質，也就是本身是否對工作抱持著幹勁。

同樣都是忙碌，被逼著去做，與出於喜歡而做是不一樣的。即便不喜歡當下所做之事，有些人仍可將其視為訓練期而加以克服。

只要可以試著喜歡或是明白對自身有益，就可以忍受，但若非如此，將會非常辛苦。

被問到自己的工作是否有價值時，不少人都會一臉茫然。

人們在就業或轉職時，都會考慮到想做的事或職涯規劃，但是在工作不懈的過程中會漸漸不再思考這些。

一經提醒，有些人會察覺到：「原來如此，就是少了這個我才會備感辛苦。」

意識到自己正為何事心煩並思考該如何下功夫是很重要的。

知道自己為了什麼事而苦惱後，有些人會認為，「雖然討厭現在被迫而做的事情，但為了有所成長，先忍個幾年也是不得已的。」

有些人無法透過下功夫來改變現況，但是會把「在理解的前提下繼續下去」作為解決之道。

有些人會這麼想：

「雖然稱不上正在實現想做的事，但我已經有所覺悟，工作就是這麼一回事。」

「我已經察覺原因所在了。但是我還有家要養，也有貸款要付，所以不能換工作。不過光是發現自己一直以來都過於逞強，也算是邁出一大步了。」

大部分的人都是為了獲得收入而工作，因此即便辛苦也會繼續做下去。

然而，如果工作價值與期待有所出入卻繼續硬撐，目前的狀態就會變得愈來愈難熬。即便現在設法撐過去了，還是有可能再次感到痛苦。

重要的是，當你有所察覺時，就要格外留意這一點。

有些情況下，可能有必要重新建構工作方式或職涯。

③人際關係↓是否能有所改善？

總之先確認自己在所屬的團隊、部門或單位等團體中的人際關係是否良好。

具體來說，就是在有什麼煩心事時，有人願意伸出援手或說些溫暖話語。是否屬於這種互相扶持的關係即為問題所在。

如果你認為自己在目前的職場裡存在著這樣的關係，那麼還有費心思的餘地，若非如此，就很難強求了。

自己在人與人的互動中不斷磨耗而筋疲力盡了——察覺到這一點是很重要的。

在這樣的前提下，思考是否還能做點什麼。比如有些人會巧妙地與某個人保持距離，或是選擇一條不太需要共事的路。

雖然這樣的情況並不多見，但先假設所在的職場在工作品質方面是有其價值的。

有幸遇到一份好工作，偏偏人際關係糟糕透頂。那麼還有一種作法是：下定決心再忍耐1年，從中汲取能轉化成自身能力的東西，然後再跳槽到人際關係良好的職場工作。

自己或那個人可能會有職位上的異動或換工作，現在就是為此而忍耐，並打算繼續努力下去。

然而，人際關係是無法劃分得這般乾淨俐落的，而且即便在目前職場的人際關係上下工夫，也多半無濟於事。

即便如此，就如同前面提到工作品質時所說的，

「啊，就是因為這方面不盡如人意，我才會覺得這麼累……。」

像這樣察覺到自己心理水位下降的原因是很重要的。

如果沒有改善的餘地，就該思考如何是好

首先，應檢視工作的量、質（價值）與人際關係。

必須判斷這3項要素是否只要多費心思就可以改變？是否只要本人下功夫或接受周遭的支持就能有所改善？

比方說，將「自己因為當下這樣的狀況而感到吃力，希望能稍作改變」之類的想法說出來並尋求幫助，應該也是一種方式。

針對這3項要素進行綜合性的判斷，如果有下功夫或改善的空間，且可獲

得周遭的支持，那麼情況應該有可能好轉。

如果不能指望這些，就只能認定，再繼續維持現狀也無法期望心理水位會有所提升。

那麼，最好開始探討該怎麼做比較好（第3章）。

Q.01

聽說就算因為心理相關問題去就醫，也只會拿到精神鎮定劑，這樣的話還是要去接受診療比較好嗎？

Ans.

並沒有所謂的精神鎮定劑。拿到適合自身狀態的藥物處方並接受醫生的支持，才是邁向康復的捷徑。

有些人去看精神科後表示，自己被要求服用精神鎮定劑，但其實根本沒有精神鎮定劑這種藥物。

我推測，應該是有人把能對情緒發揮作用的藥物統稱為精神鎮定劑。這可說是精神科相關的錯誤知識，已廣為傳播的一個現象。

精神科一般會根據每個病人的狀態，從抗憂鬱藥、抗焦慮藥與安眠藥等5大類藥物中開出適合的處方。了解藥物的目的並服用，才能順利地逐步康復。最近也有針對發展障礙的藥物出現，不過在本書中先暫且略去不提。

至於不可不知的藥物相關內容，則留待第4章再詳加說明。

此外，去醫院不僅僅是為了取得藥物處方。接受診察，掌握現狀與過程，並且有個能支持自己的醫生作為陪跑員，比較能夠找到一條穩步邁向康復的道路。

世上有許多人飽受心理失調之苦。世人對精神疾病的成見根深柢固，但我希望大家能明白，這些觀念已經不合時宜。還有，如果病人能以康復為目標就再好不過了。身為一名精神科醫師，我每天會花15分鐘以上，有些情況下甚至超過1小時，去面對每一名病人，持續貼近其需求，一起以康復為目標。這些與病人一起並肩而行的經驗讓我開始思考，如果能把一些真正必要的事情傳達給大家該有多好。

Q.02

聽說服用精神科開出的藥物後，會變得像廢人一樣，這是真的嗎？

Ans.

沒有這回事。

抗憂鬱藥是無法立即感受到效果的，所以如果醫生沒有明確說明，病人有時會以為身體狀況不佳是藥物造成的。

當病人有憂鬱症狀時，經常會開出抗憂鬱藥。

病人開始服用這類抗憂鬱藥物後，必須經過數週才能感受到效果。

雖然已經服了藥，有時卻會陷入今天好像比昨天更恍惚，或是本該記得的事情卻想不起來的狀態。

如此一來，明明實際上並非藥物所致，卻往往會懷疑：

「今天陷入這樣的狀態，會不會是因為從昨天開始服用的那種藥物不好？」

服用抗憂鬱藥幾乎不會出現降低身體機能的副作用，但病人深信是藥物所致也無可厚非。

因為原因或許在於醫生的應對方式。

病人因為醫生只開藥，卻未認真聆聽自己的心聲而抱持著不信任態度，這樣的案例不在少數。

這麼一來便可以理解，為什麼病人會覺得「都是藥物害我的狀況變差！」了。

正因如此，從第一次開藥開始，病人與醫生之間就必須達成明確的共識並互相提供資訊。

至於如何選擇醫院與醫生，則留待第2章再加以說明。

了解藥物是很重要的

Q.03

本打算挑選醫院而上網查詢，卻發現每一家醫院都有一些負面評價。

Ans.

網路經常成為人們洩憤的出口，所以親自前往確認才是上策。

當治療不順利時，網路往往會成為病人發洩情緒的出口。

之所以會寫下這類惡評，應該是因為該病人受到醫生的不當對待，或是治療不順利所致。

病人往往會因此對醫院進行極端的抨擊，所以我認為對這些評論照單全收並不妥當。

人們通常會採取較危言聳聽的寫法，比如「醫生害我成了廢人！」、「害我墜入A藥物成癮的地獄！」等。

反之，「這是家良心醫院」等稱讚的評論中，實則也存在一些造假的內容。

美食網站上的造假評論早已不是新聞了，不過醫院也一樣會雇人來評高分，並寫下「醫生很親切地為我看病」、「醫生很溫柔，會耐心聽我訴說」等評論。

也有不少業務來到我的診所詢問「要不要提高評價數量與分數？」我一律拒絕了，不過他們承接這類生意的行情價似乎是以5萬、10萬日圓左右起跳。

有些人是出於善意而在網路上寫下評價留言，但另一方面也已經像這樣成為一門生意了。因此不能單憑評價數量或分數高低，就判定是否為一家優良的診所。

最終只能自己去一趟再做判斷。

心理失調是可以治癒的。

不過如果等到惡化後才開始治療會辛苦許多，這點和其他疾病並無不同。

大家對去診所就醫感到猶豫不決的心情是可以理解的，但還是希望大家務必盡早接受診治。

因為這樣才能一點一點確實地邁向康復。

飽受心理失調之苦的人日趨增加。

然而，如今的狀況是，要在氾濫的資訊中尋找所需的內容卻愈來愈不容易。

有鑑於此，我將會逐一告訴大家真正必要的資訊。

應謹慎看待網路上的資訊

第2章

如何選擇診所與醫生

Q.04

當心理水位下降時，該找誰商量比較好？

Ans.

朋友、主管、人事單位或診所等都是可以考慮的選項。

有①朋友、同事或家人、②主管、③人力資源管理等公司的負責部門與產業醫師，以及④診所等幾道切入口可選，接下來會針對這4大選項逐一說明。

不過最終仍取決於哪一扇門對自己而言比較容易坦然求助。或是採取「先試試這個，如果行不通，再試另一個」的綜合之術也無不可。

①朋友、同事或家人

找朋友、同事或家人聊聊應該是難度最低的方式。

如果透過訴苦或抱怨等可以讓自己稍微卸下重擔而心情輕鬆一點，那麼這或許是最簡易的作法。

然而，當自己的能量低落而頓失信心時，有時會連說話的力氣都沒有。如果對方充滿活力而無法理解自己的狀況，往往會因其不經意的話語而受傷。

因此，不妨這樣想：即便談話不如己意也是沒有辦法的事，如果剛好有能夠商量的對象又碰巧有這樣的機會，是一大幸事。

②主管

主管是負責管理、監督以及給予支持的存在。

是遲早會為了業務調整等相關事宜而打交道的對象。

因為無論是要調整業務量或業務時間，還是要留職停薪，都必須通過主管這一關。

「原來是這樣，聽你這麼一說，交派給你的工作似乎有點過量了。」

如果商量後，你的主管可以像這般理解你，可說是再幸運不過了。

「我們是一個團隊，接下來這段期間，我會透過小組形式來分擔你的工作量。」

如果能導向這樣的結果，心理水位下降的狀態或許可以逐漸獲得改善。

雖然很難指望跟主管談過就一定能迎刃而解，不過應該會出現盡最大努力來幫你的人。

然而，也有可能主管就是讓你飽受折磨的罪魁禍首。

在這樣的情況下，就必須越級找更高層級的主管或是人事單位了。

若要直接找主管的主管商量，難度會更高。

因為問題本身的主管也有可能對此勃然大怒：「你居然敢擅自越級做出這種事！」

為了避免演變成這等事態，不妨考慮先找公司內部的負責部門諮詢。

③人力資源管理等公司的負責部門與產業醫師

每個公司的部門名稱各有不同。

比如人力資源管理、保健中心、合規部門（監管法規相關事宜）或心理健康促進室等。

總之就是找相關的窗口諮詢。

在大多情況下，這個階段會由負責部門安排與產業醫師面談。

產業醫師的職責在於確保該企業員工的身心健康維持良好狀態。

在如上述②找主管商量的情況中，有些案例是由主管與人力資源管理部門商討後，由人力資源部門安排與產業醫師面談。

員工本來就可以找這類部門直抒當下的煩心事。

然而，有些人認為向人事單位報告有可能影響往後的發展而躊躇不前，這也是可以理解的。

④診所

到目前為止列舉了①朋友、同事或家人、②主管、③人力資源管理等公司的負責部門與產業醫師，想必愈後面的選項愈難以表述真心話。

不過相對來講，實際採取某些對策的可能性反而會愈高。

因此難度雖高，卻可以逐漸讓周遭的人實際採取行動並形成支援你的態勢。

該選擇哪一種方式？是否往較有實效性的作法邁出一步？心理狀態在這般猶豫不決間繼續惡化的情況也是很常見的。

「如果對主管開不了口，不如找公司的負責部門諮詢。」

「好，那我明天就去找人事談談！」

我很清楚，即便提出了建議，要像這樣下定決心採取行動並不是件容易的事。

獨自一人承受是最不理想的，所以希望大家能找前面列舉的任一個選項去訴說。

如果無論如何都不願意找上人力資源管理部門，還有一個辦法是先去診所就醫。

如果每家公司的人事等部門都可以接受諮詢，且產業醫師的體系皆能順利發揮作用，是最理想的。然而若非這樣的情況，就必須去一趟診所了。

POINT

- 朋友、同事或家人、主管、人事等公司相關部門或診所，都是可以諮詢的對象。
- 朋友、同事或家人的難度較低，但是最好這樣想：談話不如己意也是沒有辦法的事。
- 業務調整等事宜都與主管脫不了關係，所以與其商討的益處多。
- 可以找人事等負責部門諮詢，將正在煩惱的事如實相告。
- 如果不好找人事單位諮詢，先去診所就醫也是一種方式。

Q.05

選擇醫院時，身心內科、精神科，與心理診所哪一種比較理想？

Ans.

無論掛的是哪一種招牌的醫療院所，任選即可。

因心理失調而考慮就醫時，一般會想到的選項有三：「身心內科」、「精神科」與「心理診所」。

掛出這些招牌的，應該幾乎全是精神科的醫師。

身心內科的診察方式主要是先觀察身體的不良狀況，再循序找出心理上的疾病。

醫生會謹慎地從身體開始診察，如果判定結果指出，可能是輕微的心因性症狀，有時也會開出精神科的藥物。

相對於此，精神科則是以診察心理疾病為主，並診察出隨之而來的身體毛病。

近年來，單純的身心內科逐漸減少，大學附設醫院中也幾乎不再設有身心內科。

許多醫院都掛出身心內科或心理診所等招牌，應該是認為這樣病人比較願意上門。

該選哪裡好呢？

一般來說，去看身心內科或心理診所在心理上的障礙會比「去看精神科」低。因此，儘管醫師都是精神科出身，診察方式也是採取精神科的作法，但許多醫院都是掛身心內科或心理診所的招牌。

因此，不妨這麼想：無論是精神科、身心內科還是心理診所，選擇哪一種都一樣。

我開的診所也是同時標示身心內科與精神科。

我們這些醫生都是精神科出身，只不過是希望多少降低病人來就診的心理障礙罷了。

POINT

- 無論是「精神科」、「身心內科」還是「心理診所」，醫師的專業都是精神科。
- 對病人而言，去看身心內科或心理診所會比去看精神科容易。因此很多醫院都會掛出身心內科或心理診所的招牌。
- 無論醫院掛的是哪一種招牌，任選即可。

Q.06 如果網路資訊沒有參考價值，那該如何選擇醫院？

Ans. 不妨展開醫師配對，找到適合自己的醫院。

正如第1章所說過的，網路上的資訊有好有壞，並不適合作為挑選診所的參考。

即便瀏覽了診所的官網，會有不少關於憂鬱症或焦慮症是什麼樣疾病的描述，卻不容易看出各診所的特色。這是受限於醫療法，所以很難以「我們診所有提供這樣的療法！」來展示與其他醫院的差異。

因此，挑選醫院時，與其堅持「無論如何我都要在這家診所就診！」，不如抱著「第一家就先去這裡看看好了」的心態比較好。

或許會有人為此感到不悅，不過我一律會建議大家展開「醫生選購」。

當然我說的醫生選購並不是要大家鬧著玩似地跑遍各家醫院。

若要用一個更適切的用詞來替代，就是「醫生配對」吧。

也就是尋找一家適合自己的醫院的意思。

雖然為了達到這個目的，將會花錢又費力。

如果先去Ａ診所，再去Ｂ診所，然後又去Ｃ診所，每一次都要支付初診費。

若以健保就診，初診費大約是２５００日圓，複診則只需約１３００日圓或１４００日圓，因此初診與複診的費用相差了一倍左右。

找出最適合自己的吧

然而，我們的目的是要找到一個可以全部交託自己當下痛苦的對象，一個可以確實貼近自己心情的對象。只因為覺得浪費就想省下這方面的費用，是否欠妥？

只要將這筆費用視為找到「一個願意仔細聆聽自己說話的醫生」的成本，我認為一點也不貴。

大家或許也可以參考網路上的資訊、官網或從別人那裡聽來的經驗，不過有些事情無論如何還是必須實際去看看才能掌握。

因此，我都會對病人說：

「我當然期待你能來我們診所，不過，請你也到其他診所看看再做選擇，以確保有個令你滿意的療程。」

並且沒必要跑很多家，只須走訪約2至3家診所即可。我認為，提高治療滿意度與治癒率的方法就是去自己認為「感覺契合」的地方就醫。

如果是心理失調，診所優於大醫院

有些人可能還會為了該選大醫院好還是去診所好而躊躇不前。

日本的大學附設醫院可謂大醫院之首。大學附設醫院終歸是醫師的研修機構，診察較為謹慎周到，卻很花時間。常常等個3小時才能看診，批價繳費還要再等1小時，這種一次就要耗掉半天的流程早已成了常態。

不僅如此，在日本，如果沒有轉診的介紹信，原則上是無法到大型醫院就診的，所以把診所當作第一步較為妥當。

大型醫院的優勢在於擁有精密的檢查設備等。然而，在我們所考量的心理失調方面，並不需要這類設備，與醫生的契合度良好與否，比設備的充實度還要重要。

醫院有住院設施，而相當於診療所的診所則不會有住院設施，是以門診治療為主。如果是因為心理失調而就醫，去心理診所即可。

大學附設醫院等大型醫院不見得有更優秀的人才，或是更善於治療。診所也有不少優秀的醫生。

不能一概認定大型醫院就比較令人放心。

何謂契合度佳的醫生？

與醫生的契合度方面，也有幾項檢視重點。

首先是無須言說也能理解的契合度。

接下來則要觀察醫生是否有意願多了解自己的事。

是否採取這樣的應對方式或有無這樣的念頭。

話雖如此，如果醫生只會一直說些「是呀，真是辛苦你了」之類的話來回應自己所說的事，卻毫無治療的能耐，也很令人頭大，所以身為醫療人員的可靠度也是必要的。

就某種意義來說，與醫師的契合度就好比戀愛。

終歸要看能否從中感受到些「什麼」？

我認為，醫生如何接納病人，以及診察中的溝通是否確實，都是支撐那個「什麼」所不可或缺的要素。

POINT

- 即便瀏覽診所的官網，也很難了解其特色，所以先去一趟再說。
- 為了找到感覺契合的醫生，即便要花些初診費，最好還是跑2至3家診所看看。
- 若因心理失調而要接受治療，沒必要去大型醫院，診所即可。
- 與醫師的契合度就好比戀愛的的契合度。契合度好壞、是否有意了解並接納病人、溝通是否確實，以及是否值得信賴，這些都至關重要。

與醫師的契合度就好比戀愛

Column 2

初診需要2個小時是精神科標準的治療形式。不光是症狀，還會問及個人的成長史與性格等。

如果是初次因心理失調而就診，對心理診所的診察內容應該所知不多。大概要花多少時間？什麼樣的看診流程才是合理的形式？精神科與其他診療科別有著些許差異。

如果一直沒弄明白，就會陷入持續就醫卻不斷懷疑「這樣好嗎？」、「總覺得哪裡不對勁？」的不幸模式之中。

因此，我希望大家能事先了解一些「標準治療的必要流程」。

初診的2小時模式

初次就診時，通常不會知道之後的流程為何。

接下來就先以我的診所的情況為例來說明吧！

1 填寫問診單（15分鐘）

無論是罹患什麼樣的疾病，就醫時都會被要求填寫問診單。本診所要求填寫的內容分量十足，所以大概要花15分鐘來填寫。

2 接受預診（30分鐘）

首先必須先接受預診，也就是初步診察。會先由本診所的心理師或精神保健服務員等員工代替醫生進行問診：「您今天是因為什麼樣的狀況而來就醫的呢？」

原則上都會進行，不過有時會因為時間關係或病人狀態而先跳過或改日再進行這個程序。

這項作業會問及細節，比如目前有什麼樣的煩惱、生活環境為何，以及家庭成員、學歷、工作經歷等，藉此抽絲剝繭出該病人一直以來過著什麼樣的人生與生活，又為何會面臨這次的困境。

預診最少需要30分鐘。

3 接受正式看診（30分鐘至1小時）

醫生會收到問診單與預診的內容，接下來便進入正式看診。

以我的情況來說，如果是初診，會要求確實預留30分鐘至1小時作為正式看診的時間。

如果是第一次來我的診所，會在預約階段就先告知：「預計需要2個小時左右喔。」

上述情況應該與所謂大學附設醫院對初診病人的典型應對方式相去不遠。

無論是哪一科的醫生，都曾在大型醫院經歷某種程度的實習。

因此，當然每一位醫生都知道，這種問診、預診與正式看診一共2小時左右的流程，是精神科醫師接待初診病人時的基礎。

然而，要說每一家診所都會在初診時安排這種2小時的流程嗎？答案是幾乎沒有。

正式看診頂多只有15分鐘。我認為會在正式看診時花1小時聆聽病人訴說的診所少之又少。

不光是症狀，還會問及你當下的處境以及你是什麼樣的人

作為接受診察的一方，最好事先明白，當你因為心理失調而就診，就會被問到包含家庭關係等在內的環境狀況，以及當下的處境。

醫生不可能只詢問與你本身症狀相關的情況來進行診察。

病人本身究竟是什麼樣的個性、有著什麼樣的成長歷程，都是重要的資訊。

如果原本是不太會為什麼事鑽牛角尖的人，卻走到就醫這一步，就某種意義來說，問題很大條。

反之，如果病人原本就是顧慮太多、神經質，而且不擅長表達自己，醫生就會做出可能是典型憂鬱症的診斷。

在標準的診察中，一定要問出病人是個什麼樣的人等資訊。

不為診療預留時間的診所常見模式

接下來讓我來介紹診所的另一個面向，也就是一些令人遺憾卻相當普遍的典型模式吧。

首先是初診時，醫生的正式看診只有15分鐘左右。

如此一來，病人會留下「自己沒能好好傳達，而醫生沒有好好聆聽」的感受。

話雖如此，病人仍會抱持著「醫生是專業的，或許只靠這點資訊就能理解我」的期待，並以此來說服自己。

然後是第二次就診。

診所仍未安排充足的時間，而且將診察大幅縮短至3到5分鐘。病人離開時會猜想，這次看診時間短應該只是湊巧吧？醫生下次應該會花15到30分鐘聽我訴說吧？

然而，到了第三次之後，典型的作法便是詢問幾句「狀況如何？」、「有什麼變化嗎？」、「沒什麼變化嗎？那就繼續開一樣的藥喔」，隨後便結束問診。

一般要開立藥物時，應該一一詢問「你的睡眠狀況有改善一點了嗎？仍會在半夜醒來嗎？」等，或是「藥物應該還需要一點時間才會生效，所以你大概還感受不到什麼效果，不過是否有出現副作用之類的呢？」

不願聆聽病人訴說的醫生是NG的

針對這類相關事項謹慎進行溝通的作業本就理所應當。

病人接受每一次的診察時都會相當緊張，希望傳達自己的狀況並聽聽醫生的看法，還有不少人會費心思在手機裡做紀錄或寫在筆記本上。如果醫生連聽都沒聽這些內容就結束診療，病人內心的挫折感應該會不斷累積。

「這些資訊是沒必要的嗎？但如果不需要這些資訊，醫生是觀察我哪些地方來進行治療的呢？」

病人會變得惴惴不安是很自然的。

「要在1小時內看完10個病人，那麼每個人最多只有5分鐘」

令人遺憾的是，在1個小時內能看多少個病人已經漸漸成為一場勝負，這就是心理診所的現狀。

「這1小時內至少要看完10個病人，如此一來，每個人最多只有5分鐘吧。嗯，如果這樣做會拉長看診時間，所以還是不要問或說太多沒必要的事吧。」

我想應該是這樣的心態所致。

如果不能只花5分鐘完成診療，就很難獲利的精神科診療報酬制度。

即使投入充足的時間進行診察，也不會支付更多健保點數

為了維持經營狀況，如果不在1人5分鐘這麼短的時間內完成診察，就很難獲利……。其最主要的原因在於日本的診療報酬制度。

在精神科方面，為病人診察時，有一種名為門診精神療法的健保點數項目。

然而，這個項目只分為2類，即看診時間是5分鐘以上還是30分鐘以上，這便是所有問題的源頭。不僅如此，無論看診時間是5分鐘以上還是30分鐘以上，點數幾乎不會改變。

換言之，只要看診5分鐘即符合「5分鐘以上」，而即便診察了25分鐘，健保點數仍認定為「5分鐘以上」。此外，即便診療了30分鐘、或40分鐘，在

點數上仍與診療5分鐘相差無幾。也就是說，診所的收入不變。

如此一來，以某種層面來說，診所傾向於做出「5分鐘看完一名病人」的經營判斷是必然的。如果投入充分時間，為需要的人進行看診，就會確實支付相應的健保點數，應該就不會發生如今這種短時間看診的問題。

不能坐等健保制度的改變

為什麼會以這種方式訂立精神科的健保點數呢？

這套點數制度似乎從古至今都幾乎沒有改變。

比方說，據說整形外科與眼科的看診健保點數比較高。

針對這兩個科別的病人，大多都是透過觀察疼痛部位的狀況，或眼睛的不適狀況，做出「這需要這種藥物」或「先不要用藥，順其自然觀察看看」等判斷。

既然如此，也就無須細細詢問家庭成員、職場環境，或是最近睡眠是否充足等。

相較之下，精神科則很難定義必要資訊的範疇？必須深入詢問並診察到哪個程度？

我想應該就是因為這樣，才會一直維持這般粗糙的點數制度，導致5分鐘診療成為常態，最終讓病人陷入困境。

日本的醫療制度在創建階段還不那麼重視精神科，或許也是形成這種診療報酬制度的原因之一。

回顧日本的精神科歷史會發現，過去的思維主要是讓精神分裂症等病人住院，並不注重心理失調等。

其結果便是，日本擁有舉世無雙的大量精神科住院病房與住院病人。

這並不是件好事，政府也開始循序漸進地著手改善，住院病房與住院病人的數量正逐步減少中。

然而，日本的精神科一直以來都將住院治療視為正途，所以即便心理失調等病人日益增加，卻反而被拋開不管。

在這個過程中，心理診所的數量不斷飆升，後來才發現全日本心理診所的數量驚人，已多達1萬4000家。

不過政府必須控制醫療費用，故而無意針對心理診所的看診時間來調高點數。

心理健康是一個重要的問題，所以應試著修正診療報酬制度以促進仔細看診──我認為這樣的趨勢尚未成形。

然而，我們不能坐等診療報酬制度的改變。

我希望告訴病人該如何在這樣的制度下盡可能地善用心理診所。

第3章

該如何一步步進行治療？

Q.07

第1階段該做哪些事？

Ans.

姑且先「悠悠哉哉地好好休息」。

既然已經撐不下去而出現心理症狀了，首要之務便是休息

人之所以會陷入心理水位下降的狀態，是因為工作量太大或人際關係等而承受了龐大的壓力。

這些都會引發大腦疲勞。

以腦科學的角度來說，應該是神經傳導物質血清素、正腎上腺素與多巴胺等不足或枯竭所致。

首先，身體會發出「已經不行了」的疲勞訊號。然而，想必大多數人都會對身體的抗議視而不見並繼續努力吧。

然後一旦超出極限，心靈會漸漸蒙上一層陰影並出現症狀——差不多是這樣的情況。

在最初的第1階段中，必須好好休息。

不過這點並不容易。

來診所就醫的病人就算被告知必須休息，也無法立即領會該如何休息。我都會先從這點開始說明：總之最初的一個月內請特別集中地休息。

無須起床，連閱讀或看電視都不必

人在心理水位下降時，會變得什麼都做不了，還有氣無力，只想躺著。

即便我說這樣也無所謂，大家也無法立即認同。

「周遭的人都在早上7點就起床工作。不能只有我一直睡。」

很多人都會這樣回答我。

我一貫的說詞是：

「這樣不對，你如今的任務就是要確實消除所有身體與心靈上的疲勞。所以能躺就盡量躺，想睡就睡。」

我希望大家把這個階段當作是讓身體拚命排出所有的膿液，用另一種說法就是，所謂的「排毒」。

總之，為了達到持續恢復的效果，最初這段時期必須怠惰放鬆、悠悠哉哉才行。

為期1至2個月左右。若能確實悠哉放鬆則會再縮短

這麼一來，大家應該會產生一個疑問：我大約要悠哉放鬆多長時間才好呢？

我通常會說，「大約1個月，長一點的話2個月吧」。

並且補充說明：如果能確實悠哉放鬆，或許可以大幅縮短這段期間。但如果是半吊子的放鬆方式，效果則會大打折扣。

經過這些溝通後，大家都會被我說服，並開始拚命放鬆休息。

POINT

- 因為工作或人際關係等而承受龐大的壓力，會引發大腦疲勞。
- 必須好好休息，但這並非易事。
- 為了消除身體與心靈上的疲勞，能躺就盡量躺。
- 為期1個月到2個月左右。
- 若能確實放鬆休息，或許可以縮短第一階段。

Q.08 最好按時用餐並運動才能有所好轉？

Ans. 一開始沒必要刻意進食或運動。休息才是最重要的。

如果太努力早起運動，反而會因疲勞與焦慮導致治療難有進展

治療心理失調的第一要務便是讓身心皆獲得休養。心理水位會下降的人基本上個性都比較認真，所以如果試圖去維持生活習慣，會不小心努力過頭。即便晚上睡不好，早上還是設法起床，即便白天昏昏欲睡，仍會強打著精神走個2萬步至3萬步，原以為入夜後會因為疲倦而一覺好眠，卻還是睡不著……這樣只會不斷累積疲勞與焦慮。如此一來，治療便無法繼續推進。

「不妨改善一下紊亂的生活習慣吧！早起沐浴在晨間的陽光之中，入夜後就好好睡一覺。」

有些醫生會做出這樣的生活指導，不過我認為必須站在病人的角度一起來思考才行，尤其是初期，病人即使想這麼做也往往心有餘而力不足。

幾天沒吃也無妨，連運動都不需要

人在心理水位下降後，會連想做點什麼的力氣都流失殆盡。

我都會告訴病人，「幾天吃不下也沒關係。」

這種時候沒有食慾也提不起力氣吃東西是很正常的。

我會告訴他們，1天能吃1餐就已經很不錯了。甚至會說得更極端一點：「人即便1週不吃不喝也餓不死。人類的生存能力很出乎意料呢。現階段只要在吃得下的時候進食即可。」

在這個階段，只要是吃得下的東西，無論是洋芋片還是碳酸飲料，吃什麼都行。

含不含蛋白質啦、維生素或礦物質是否均衡啦，這些都無關緊要。吃如果凍般的代餐也好，只吃素麵也無妨。總之，這個階段只要是能吃進肚的東西，什麼都好。

接受連洗澡上廁所都覺得麻煩的念頭

根本沒必要覺得非運動不可。別說是運動了，人在這種時候甚至連淋浴或泡澡的力氣都沒有。

我會堅定地告訴病人：

「反正你現在又不穿較正式的服裝出門，也不會去見什麼人，所以就算幾天不泡

總之就是悠悠哉哉地休息

澡或淋浴也沒什麼大不了。」

唯有上廁所是免不了的，不過就連這件事都會覺得麻煩。當下的狀態便是如此，這也是沒有辦法的事。

請記住一點，初期階段的第一優先要務就是說服本人明白，自己現下就是辦不到而必須休息。

POINT

- 這個階段沒有必要維持規律的生活習慣。
- 幾天無法進食也無妨。如果吃得下，吃什麼都可以。
- 可以不運動，亦可不洗澡。
- 以說服自己辦不到並好好休息為第一優先。

Q.09

在休養階段，會漸漸出現哪些狀況？

Ans.

會腰腿無力且體力減弱。得不到家人的理解。還會漸漸出現不安或焦慮的情緒。

腰腿變得無力且容易疲倦

應該有不少人會開始擔心，一直休息而足不出戶真的不會有問題嗎？

你的腰腿會逐漸無力，連體力都會開始流失。

請以「這和因身體疾病而住院的病人是一樣的」來看待這些狀況。

如果為了治療疾病而不得不過著臥床的生活，身體的肌肉等各方面的功能都會下降，這是無可避免的。

你會變得容易疲勞，肌力也會下降，連拿東西時都會發抖。動作也會變得遲緩或容易摔倒。

然而，只要在克服疾病後進行復健，這些都能復原。我都會告訴大家，先暫時好好休養，之後再努力恢復吧。

配偶或同居的父母難以理解

如果是一個人生活，只要本人有意願，會比較容易進入休養狀態。然而，在有家人或同居人的情況下，應該很難辦到。

以配偶的角度來看，丈夫或妻子整個早上都一直睡覺，想必會覺得「你到底要無所事事到什麼時候？」

如果是和父母住在一起，就更是如此了。父母大概會覺得這樣渾渾噩噩實在不像話而擔心起來，然後開始要求「你差不多該起身活動一下了吧！」

在這樣的情況下，我都會請病人的配偶或父母來診所聊聊，或是透過電話，由我向他們說明現在休息才是最重要的。

我遇過各種不同的案例，我們會一起研擬對策，比如病人如果是單親爸爸或單親媽媽，便把孩子託付給誰照顧等，總之就是要讓病人得以休養。

即便憤怒也不要妄下定論，而是之後再處理

當心理健康在職場上受到傷害時，憤怒的情緒會揮之不去而一直鑽牛角尖，這樣的狀況並不罕見。

有些人因為疑似遭到職場騷擾或受到過分待遇等而難以釋懷，我會告訴他們：「這件事我們留待之後再好好想一想吧。」

「我正在考慮申請職災認定，不過該怎麼做才好呢？」

如果病人尋求我的意見，我會如此建議：

「我知道這件事讓你備感煎熬。之後會與你好好討論，必要時也會給予協助，所以現在先不要對這件事採取什麼行動，而是暫且冷靜一下，設法改善目前的疲憊狀態吧。」

這個階段的關鍵在於不要妄下定論。最好不要急著做出辭職或控告公司之類的決定，這些都先暫緩處理。我這麼說並不是要大家忘記或不願討論，而是這些事的優先順序不高，所以不妨延後處理。

每個人的反應會有所不同，在症狀緩解後，有些人會覺得「好像一切都無所謂了」，而有些人會認為「多虧休養讓我的情緒稍微舒暢了些，不過唯獨這件事我無論如何還是要爭個是非對錯！」

如果是後者，我會在這個階段開始和他們討論接下來該怎麼處理。

「我一直到天亮都睡不著，到了早上6點左右才終於開始昏昏欲睡，但是7點就又努力起床，試著看看報紙或坐到個人電腦前，卻讀不進腦子裡……。」

有不少人在治療之初都是這樣。

我不會責備他們早起努力，而是再次提醒：

「哎呀，在現在這個階段，你就算再努力也什麼都做不了的，這也是沒有辦法的事。」

至少要讀點書啦、看個電視或影片啦，這類念頭大可不必。

反正現在就是做不到，所以不做也無妨。

一點一滴嘗試做點什麼是下個階段的事。現在還在準備階段，所以別在這些事上努力，暫且好好休息吧。

心理水位會下降的，通常都是原本就個性認真而想要早點回歸社會或重返職場的人。

愈是認真的人，愈會認為什麼都做不到的人根本是廢物，也會懷疑繼續像這樣一直悠哉度日會不會變得愈來愈無能——我很能體會這種焦慮之情。

要讓下降的心理水位逐漸提升的關鍵在於對抗不安與焦慮。

這種時候內心會經歷一番什麼樣的拉鋸戰呢？

要抑制焦慮的心情，就得做出某種程度的讓步。

前半段奮戰的關鍵在於，與主治醫生商量後，親身去感受並克服不安與焦慮，從而找出正確的休息方式。

POINT

- 和因身體疾病而住院的情況沒有兩樣，腰腿會無力，體力也會下降。
- 不過這些只要等之後再恢復即可。
- 得不到配偶或同居父母的理解也是沒有辦法的事。
- 研擬對策，比如由醫師提出分居等建議，以便病人好好休養。
- 即便餘怒未消，也不要在這個階段妄下定論。
- 關鍵在於如何接納不安與焦慮並採取正確的休息方式。

不必勉強自己去做各式各樣的事

Q.10 狀態良好時，可以回覆工作上的電子郵件嗎？

Ans. 請避免讓自己看到電子郵件或LINE。這時進入工作模式還為時尚早，所以最好不要這麼做。

當身心狀況稍有好轉後，你可能會開始想，至少回覆一下收到的電子郵件也好。不過還是先別進入工作模式比較好。

避免看到電子郵件，退出聊天室或LINE

為了讓病人好好休養，我會試著連絡病人的公司負責人，甚至視情況聯繫其網路或資安部門。

我會拜託他們，別讓病人看到公司的電子郵件，並退出聊天工具或

LINE群組等。

總之就是請求公司將這些都設定成無法收發信的狀態。

如果不這麼做，即便病人認為現在是休息時期，還是會讀取那些訊息，所以我會麻煩其公司確保病人就算想看也看不到。

工作或做家事會讓人不禁拿以前的自己做比較，導致心情萎靡不振

即便身心狀況良好，要開始活動仍為時過早。

此外，最好不要因為喜歡烹飪就試圖為家人準備幾道料理等。家務中，許多作業都是需要按順序進行的，再怎麼喜歡，難度還是偏高而累人。

當過去辦得到的事情進行得不順利時，會讓人失去信心。

會對自己造成最大威脅的，往往是過去的自己。

過去能幹的自己與現在的自己出現了落差。

如此一來，就會開始覺得自己果然變得一無是處而心情萎靡不振。

開始做家事或試著閱讀對工作有益的商業書籍等，這些都還為時尚早。

不妨先從一些不太需要精力的事物開始嘗試，比如翻閱雜誌、閱讀娛樂小說或漫畫、觀賞影片、在戶外走走等。

POINT

- 別急著進入工作模式。
- 事先做好設定，讓自己看不到公司的電子郵件與LINE等。
- 工作或做家事會讓人失去信心。
- 從翻閱雜誌或觀賞影片等負擔較輕的事情開始嘗試。

Q.11

當人「好好悠哉休息」後，將會產生什麼樣的變化？

Ans.

神經傳導物質會一點一點慢慢增加，便可開始進行心理暖身。

一般認為，只要讓身心好好休息，應該就會漸漸釋放出原本匱乏的神經傳導物質。血清素的量會逐漸增加，正腎上腺素以及多巴胺的量也會一點一滴地增加。

從神經傳導物質幾乎枯竭的狀態開始療養，並借助藥物之力，慢慢地恢復其作用。

只要觀察下頁的圖表，應該就能掌握哪些症狀會隨著時間的推移而逐漸恢復。

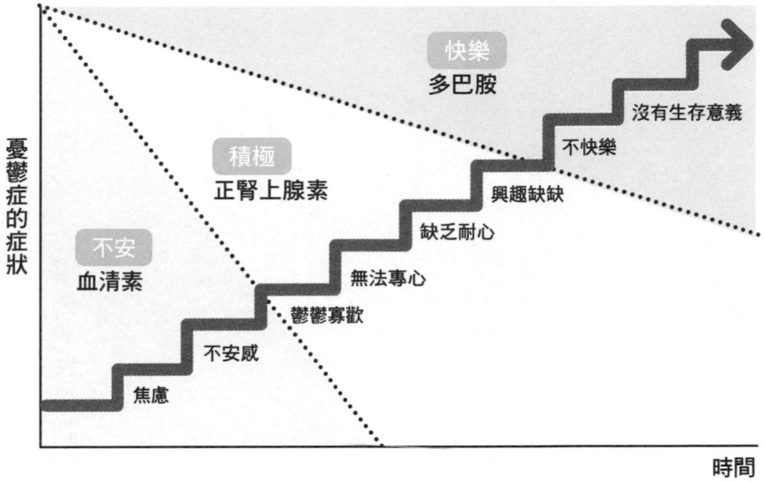

初期的目標是改善因為缺乏血清素所引發的不安與焦慮等症狀。

接著以改善正腎上腺素不足所造成的積極性匱乏等症狀為目標，最後才是逐漸改善因多巴胺不足導致缺乏對快樂的追求等症狀。

透過充分休息並借助藥物之力，身體會開始釋出神經傳導物質而漸漸從憂鬱狀態中恢復。

只要開始好好休息，大約1個月後就會有這樣的感覺：

「我已經好很多了。休息原來是這麼一回事，也讓我漸漸不再胡思亂想了。」

這意味著已經接近第2階段，可以開

始進行心理暖身了。

不妨從喜歡的事物或做得到的事情逐步開始。

POINT

- 只要好好休息，枯竭的神經傳導物質就會逐漸恢復作用。
- 初期目標是逐漸改善不安與焦慮等症狀。
- 接著以改善積極性匱乏等症狀為目標。
- 最終目標是改善缺乏對快樂的追求等症狀。
- 當臨近第2階段，便可開始進行心理暖身。

Q.12

第2階段是處於什麼樣的狀態？

Ans.

漸漸厭倦休息，

而開始一點一滴投入自己喜歡的事物上。

徹底休息過後，會開始想做些什麼

在第1階段中，無論如何都要徹底休息，這是邁向下一步不可或缺的。這麼說雖然有點奇怪，但人在充分休息後，反而會開始對休息感到厭倦。病人會覺得「我已經休息夠了！」，並開始厭煩繼續遊手好閒。與此同時，情緒會稍微活躍起來。如此一來，就差不多可以進入下一步了。

到了第2階段，會漸漸產生「要不要來做點什麼？」、「不如試著重新投入以前常做的事？」之類的感受。

作為暖身，我會讓病人開始將時間投注在自己的興趣或喜歡的事物上。

無須努力，只要一點一點開始做，就會逐漸恢復專注力與續航力

閱讀漫畫也好，漫不經心地觀覽影片也罷，即便故事情節都沒進入腦中也沒關係，走馬看花就好。

一開始的時候，就連這種刺激性不大的活動，持續個30分鐘也會令人疲憊而厭煩。因此短時間也無妨，只要能有一些進展就不錯了。

每個人的情況各異，有人會告訴我「醫生，我今天看了47分鐘的電視」，而有人則是會說「我今天讀漫畫讀到80頁了」。

這種時候，我會對他們說：

「你是不是有點努力過頭了呢？現在還不能太勉強喔。」

請將這個時期視為從完全躺平中漸漸起身，差不多是剛從水中爬上陸地的階段。

四肢如何著地之類的細節都還無所謂。

在第2階段初期，我會要求病人徹底貫徹「不努力」原則。

在第2階段，只要開始做些什麼，續航力與專注力就會漸漸回歸。

就算看電視連續劇或電影，大腦也吸收不了故事情節而無法有所共鳴等，但是會如漸層般慢慢有所進展。

我在這種時候仍會要求病人遠離工作的電子郵件、聊天室與電話等。

到了這個時期，轉變的過程與期間將會因人而異。

儘管如此，粗略來說，第2階段大約會持續1至3個月。

到了第2階段後半，專注力與感受性等都會有所提升而使生活日益充實。

病人已經大致能夠做些自己喜歡的事或有興趣的事，比如能夠開始自己做飯等。

睡眠也會有所改善，之前白天會睡12小時左右，或是一整天共睡了15小時等，但「最近早上7點左右就起床了」。

生活步調會漸漸變得規律。

POINT

- 在第1階段好好躺平休息後，會漸漸對休息感到厭倦。
- 開始有意想做點什麼時，意味著第2階段即將開始。
- 開始做些自己喜歡的事，但無須努力。
- 一旦開始做，續航力與專注力就會漸漸回歸。

Q.13 第3階段是指什麼樣的時期？

Ans. 萌生想工作的動力，並展開重返工作崗位的訓練。

人就是會想再次投入工作的生物

當第2階段也進入尾聲時，會出現相當不錯的成效。

「醫生，我昨天熬夜玩了整整5個小時的線上遊戲。」

「我做足了準備，從一大早就透過大聯盟轉播觀賞大谷選手的比賽。」

無所事事的時間會逐漸縮短，並開始進行到戶外走走等活動。差不多是時候該想起那些以前辦得到的事了。

同時，病人會漸漸開始想再次投入工作。

第2階段只須做些喜歡的事情即可，所以可能會讓人覺得如果能一輩子都這樣過就再好不過了，不過實際上並非如此。

我們會被迫體認到，人類果然還是認真且總會試圖恢復原樣而具備彈性的生物。

人就是會隨著身心開始恢復而漸漸產生「是時候工作了」的心情。

展開從留職停薪邁向復職的復健之路

過渡至第3階段的基準在於是否已經產生動力。

不妨確認一下自己是否已經湧現工作或生活的動力。

在接下來的第3階段，將會開始進行重返工作崗位的訓練。

所謂重返工作崗位的訓練，是指在留職停薪的情況下所進行的復健。

其定義廣泛，不過第一步便是確保白天起得來，並且可承受某種程度的工作負擔。

比方說，早上起床並用餐完畢後，二話不說先坐到桌子前。只是在網路上搜尋有興趣的事物也可以。打造出正在工作的姿勢與情境，一步步做好準備。

有些醫療機構、就業輔導與求職服務站等備有居中協助人們復職的系統。有學習壓力應對方式，與人際溝通之類的課程等，可以配合每個人的狀態來選擇。

是否適合利用這類設施則取決於恢復的上升曲線。

尤其是到了後期，每個人的恢復狀況不盡相同。

恢復到一定水準而開始進行重返工作崗位的訓練後，以某種程度緩慢康復的人不妨利用這類設施，不疾不徐地邁向復職之路比較穩妥。

反之，在後期迅速康復的人可能就沒必要利用這類設施。

如果要利用這類設施，時間是另一個必備要素。

因為這類設施的課程並不是以幾天為單位，而是以月為單位。

如果該病人就職的公司所給予的留職停薪期夠充裕，就可以善加利用，若非如此，則難度太高。

以讓病人確實恢復的這層意義來說，我希望多一點人可以利用這類設施，但是很多人的情況並不允許。

POINT

●到了第2階段的尾聲，已經可以進行許多活動。
●同時，會漸漸開始想再次投入工作。
●逐漸湧現工作動力後，便可開始進行重返工作崗位的訓練。
●另有一些設施等備有居中協助人們復職的系統。

Q.14 該如何接受自己在恢復的過程中曾休息過一段時日？

Ans. 請相信休息並沒有白費，而是學會如何活得輕鬆一點。

當你為了休養而感到歉疚時

這段休息期對自己來說究竟算什麼？很多人會為此感到煩悶。

其中一個正確答案便是：

「你已經身心俱疲，所以必須休息以便儲備能量並逐漸復原。」

然而，光靠這個答案是無法百分之百說服自己的。

到了第3階段左右後，會開始有「話雖如此，我已經脫離社會一段時間了呀」的念頭。再次回到公司或與家人展開如往常般的生活時，也會冒出愧疚或沒有容身之處的感受。

這種時候我都會問病人一個問題：

「那麼，這次的休息在你的人生中發揮了什麼樣的作用呢？」

為了將其定位為一段有意義的時間

病人從第1階段開始曾度過一段悠悠哉哉的時期。

然而，根本沒有人會真的放空而過得渾渾噩噩，大部分的人都會回顧起自身走過的歷程。

病人腦中肯定有各式各樣的念頭在打轉。比如「為什麼我會陷入這樣的狀態呢？」、「如果沒有接下那份工作就好了」、「我從以前就老是負責這類吃力不討好的差事呀」等等。

我們差不多會從第3階段開始一起檢視，看看釐清了思緒後，留下了什麼樣的關鍵字。

如果留下的淨是「單純只是休息」、「我的人生留白了」、「我造成別人的困擾了」之類的感受，可就有點令人遺憾了。

遇到職場騷擾後，心情萎靡而無法去公司，再次回到原本的職場還是可能發生同樣的事，這樣實在沒什麼建設性。

我都會告訴病人，雖然為期不長，但既然這次確實投注時間好好休息了，還是會希望將其定位為對自己而言是有意義的時期吧。

積極看待這段時期

「你覺得自己到目前為止比較容易為了什麼樣的事情耿耿於懷？」
「你比較容易在哪方面感到挫折呢？」
「你覺得自己一直以來都非常在意周遭的人嗎？」
「你是不是對自己太過嚴苛了呢？」
我會像這樣拋出大量的提問，好讓病人回顧自身的經歷。

如此一來，病人便會吐露出這類心聲：
「我從小就被教導要當個好孩子，總是在意父母的看法，出社會後又一直在意別人的眼光，我大概到現在都一直活在他人的評價之中。」
坦露心聲後，病人就會開始具體地思考往後想要怎麼做。

最終，他們會認為這次的休息並沒有白費。
多虧休息解放了自己，並學會如何活得輕鬆一點——如果能這樣說服自己是再好不過了。

POINT

- 如果認為自己只是休息後又回歸日常，就會產生愧疚之情。
- 病人在休息期間會回顧自身的歷程。
- 思考一下在回顧時釐清了哪些關鍵字。
- 思考接下來想要怎麼做。
- 相信休息並沒有白費，而是因此學會如何活得輕鬆一點。

Q.15 第4階段是指什麼樣的時期？

Ans. 配合公司的制度，一步步做好復職的準備。

公司的復職基準為何？

如果能在第3階段模擬體驗與自己過去生活步調相似的度日方式，復職之日便近在眼前了。

主治醫生將會同意，是時候從留職停薪往復職邁進了。

每個企業的復職基準各不相同。

有些企業允許員工從通勤訓練開始，也有企業要求必須一週5天全職工作才能復職。

因此，主治醫生必須確實根據該病人的工作單位所訂定的基準來開立復職的診斷書。

「已經好很多了，所以可以復職囉。」

若像這樣以輕率的態度開出診斷書，將會成為復發最主要的原因。

如果病人正處於逐步回歸正軌的階段，卻突然要求再次展開一週5天的全職工作，會使其承受莫大的傷害。

如果被要求回歸一週5天的全職工作，必須先從職場的電子郵件或聊天工具開始著手。比如從重返工作崗位的訓練期，就著眼於接近實務的事務並做好準備，或開始與公司的人溝通。

如果必須實際到公司上班而非遠距辦公，也有必要在留職停薪期就先進行通勤訓練等。

可從通勤訓練開始？還是一下子就要投入一週5天的全職工作？

一開始光是去公司就很不容易。

不妨先從每週3天開始，即週一、週三與週五，去一趟公司後就回家。第一個週一，只是去到公司前面，回家後就累得呼呼大睡到半夜，這是常有的事。因為光是靠近自己曾經待過的職場就會讓人忐忑不安。

如果沒有經過這樣的準備階段，突然就一週工作5天等，絕對是不可行的。

雖然我也知道有些公司對員工有這樣的期望。

以處於相同狀態的病人為例，假設一名病人是就職於A公司，而該公司表示允其從通勤訓練開始回到工作崗位，那麼在主治醫生的同意下，幾天後便可結束留職停薪期。

而另一名病人任職於B公司，必須一週工作5天，否則不能重返工作岡位，那麼將要幾週後才能結束留職停薪期。

在復職之前，必須先展開通勤訓練、模擬工作體驗、與公司的人互動等。從比較談得來的人開始詢問部門的近況為首要之務。

也有一些案例因為公司的制度與應對方式而無法復職

如果公司不願意調整留職停薪期，就會無法重回工作岡位。很遺憾的是，我也看了不少復職失敗的案例。

主治醫生若從留職停薪之初就陪伴著病人，並肩同行直到復職為止，有些情況下勢必得思考是否無論如何都要重返原本的公司，還是要轉職。

即便已有規定留職停薪期是幾個月，但只要公司願意靈活地運用制度，轉職的人應該會少很多。

如果公司堅持必須在這個期間內復職，但從至今的恢復過程與恢復角度來思考，似乎有點難以達成，那麼就不得不轉職了。

主治醫生應在最初階段就先詢問留職停薪期的規定

主治醫生應該在最初階段就先詢問病人，其所屬公司將留職停薪期暫訂為幾個月。

假如問到的答案是1年半，有些情況下也可以信心滿滿地告訴病人：「我認為你不到1年半就會痊癒了，時間綽綽有餘，不疾不徐地好好休養吧。」

我也會根據情況這樣跟病人解釋：

「只有2個月嗎？那麼我也找產業醫師以及公司負責的人好好談談。因為要求2個月就要復職的規定太嚴格了。總之，我們找必要的人好好討論一下吧。」

POINT

- 每家公司的復職制度各有不同。
- 復職必須先從通勤訓練開始。
- 如果要求一下子就一週工作5天，就必須預作準備。
- 主治醫生應該在最初的階段就先詢問留職停薪期的規定。

Q.16

復職時會感到不安，是否能順利度過？

Ans.

復職令人不安又耗費精力，對任何人來說都不是件容易的事。必須告訴自己：你對此無能為力，只能「正確地恐懼」。

正確地恐懼，不逞強也不努力

即便結束留職停薪期後重返職場，並不表示往後就能暢行無阻。

無論是誰，一開始都還是會戰戰兢兢。隔一段時日後回歸社會，再次見到同事與主管，會緊張，也不知道能否一切順利。

再次回到公司是一件令人不安且耗費精力的事。

在這樣的情況下，如果想著「不行，我應該已經痊癒了，所以不會再重蹈覆轍才對」，因此試圖努力。

請務必提醒自己，這種想法本身就表示你還沒康復。

如果又努力過頭，最終很可能前功盡棄。

若要一言以蔽之，就是我認為人必須懂得正確地恐懼。

這話聽起來很像是詭辯，不過如果能確實做到正確地恐懼，應該會覺得事情變得沒那麼恐怖了。

所謂正確地恐懼，就是我們不知道何時又會發生什麼事，所以就先不要太勉強自己。

我對病人採取的說法是，要適時開啟限制器，或在油門與剎車之間取得平衡。

畢竟你是經歷徹底重新審視自己的一切，理解自己並疼惜自己後，才走到現在這一步。

「你已經痊癒了，但如今你也明白自己是有極限的，對吧？」

每當我這麼問，大多數的病人都會如此回道：

「您說的對。今後可能還會遇到艱難的時期，但我不會再亂來或勉強自己硬撐下去了。」

職場上的討厭鬼依舊惹人厭，所以要轉念一想：「我對此無能為力」

舉例來說，復職後，有些情況下可能還是免不了再次與引發問題根源的討厭鬼打交道，這種時候，以前的感受想必會再度甦醒。

討厭的人依舊討人厭。

然而，我們改變不了對方，卻可以改變自己。

自己是可以改變思維的，從必須跟這個人和睦相處的「我不得不做點什麼」思維，轉換成「我對此無能為力」思維。

苦笑著承認自己無能為力，是比較恰當的作法。

轉念承認事與願違，這就是正確地恐懼。

你的目的並非讓不順利的事情變得順利。無法讓不順利的事情變得順利，這也是沒有辦法的事，懂得放棄也很重要。

認為「我必須這麼做」而試圖接近最佳狀況，這仍是一種逞強。

不要認為已經痊癒就又努力過頭

正如到目前為止的章節中所傳達的，如果已經從容不迫地經歷有意義的恢復過程，就不會再次變得那麼軟弱。

治療過程本身經過簡化，或是恢復得不夠徹底，這種事不算少見，所以病情很有可能在復職後又惡化。

如果不幸再次出現症狀，最好找診所諮詢一番。

總之，請不要認為已經痊癒就又努力過了頭。

POINT

- 重返職場會很不安，也很耗費精力。
- 正確地恐懼，事情就會變得不那麼可怕。
- 自我提醒，自己是有極限的。
- 討厭的人依舊討人厭。
- 可以轉換成「我對此無能為力」思維。
- 如果又出現症狀，請找診所諮商，不要硬撐。

聽聽別人的經驗談①

山田玉子女士（43歲）任職於外商公司IT企業（化名）

「一定會好起來的」，這句話是我一直以來的支柱

連轉職考試都是遠距進行。在不會見到任何人的情況下開始工作

我是在2021年的2月轉職到現在的公司。

在我的前任開始放有薪假之前，交接期只有2週。

當時忙得不可開交，而且還是遠距交接。

因應新型冠狀病毒的預防對策，連招聘考試都是遠距進行，我也沒去過公司，不曾實際見過公司的人。

說來奇怪，但我只認得同事的長相，卻不知道他們的身高等等。

在這樣的情況下，要建立人際關係果然難如登天。

我連透過聆聽大家的一些對話來掌握「啊，這個人是負責這樣的工作」這點程度的事情都辦不到。

上了小學的兒子被欺負後，不管是學校還是安親班都不想去

不僅如此，我換工作不久後，孩子也升上小學1年級。

托兒所提供的支援十分充分，所以我也抱持著這樣的期待讓孩子去上學，誰知小學的狀況截然不同。

我從一些職業媽媽那裡聽聞，所謂「小一的難關」是一場硬仗。

在此之前，我的孩子都是送去托兒所。

結果上了小學後，必須坐一整天對孩子而言似乎太難熬了，還說出不想上學這種話。

有天泡澡時，我用水幫他沖背時，發現了一道15公分左右的瘀青，我問他：「這個是怎麼回事？」，他回說：「在安親班裡被朋友踢的。」

我找小學的班導師討論，卻得到「那是在安親班發生的，請找安親班談談」的回應，這讓我一個頭兩個大，不知該找誰商量才好。

我暫且退掉了安親班，讓孩子小學放學後就立即回家。

我以為減少睡眠時間也沒什麼大不了

工作方面比預期的還難以適應。

我為此減少了睡眠時間。

孩子醒著的時候，我會一直陪著孩子，等到晚上9點左右，孩子睡著後，再開始做當天還沒完成的工作，持續以這樣的模式度日。

每天都半夜1、2點才睡，早上6點就起床。

即便工作上有什麼想問的，也沒有人坐在隔壁可以讓我發問。一遇到不懂的地方，就必須一一查看之前向前任詢問時我所做的筆記，或是重看前任為我說明時所錄下的影片，所以很花時間。

不過我認為總有辦法可以處理。反正可以先減少睡眠時間。

我聽說前輩以前都只睡3個小時，便心想「我也辦得到」

其他部門的前輩曾跟我說，「我也是前任要離職，所以花2週左右進行交接。那時每天都只睡3個小時左右。」

結果我就認定這便是常態（笑）。

我莫名被說服，認為這家公司就是這樣。

於是我尋思著，只要我也這麼做，應該也能獨當一面吧？總之先減少睡眠時間吧。

如今回想起來，我大概是不想承認自己做不到吧。畢竟我進的是一家美國企業，所以一直認為必須早點做出成績，必須證明「我辦得到！」

漸漸地，我連半夜1點到6點這段時間都無法入睡，夜裡總會醒來好幾次。

因此，即便有睡，醒來後還是覺得大腦的狀態跟睡前沒兩樣。

持續的腹瀉與嘔吐感，讓我不禁在線上哭了出來

開始失眠後，我甚至心想：「我也是辦得到的嘛」、「我搞不好是短眠者」。

即便睡著了，大腦仍一直處於開機狀態。

漸漸地，在家辦公時，我不再趁空檔吃午餐。因為肚子不餓，後來連晚上也完全不吃東西。

實際上，我還一直鬧肚子。開始工作前就會肚子痛，1天會腹瀉3至4次。

不僅如此，明明胃裡沒有任何食物，卻持續噁心嘔吐。

心情一直很陰鬱，會因為一點小事就情緒不穩。

有天在遠距通訊時，經理要求我針對某個內容稍作修改，我卻「嗚哇！」地哭了出來……。受到驚嚇的經理便去諮詢了產業醫師。

他告訴我：

「我已經幫妳安排與產業醫師進行面談，試著聊一次看看，應該會比較好吧。」

產業醫師表示：

「所有去過這家診所的人狀況都有所好轉」

與產業醫師M醫生面談時，我聲稱自己沒事。

結果他對我說的一席話，至今仍言猶在耳：

「妳如果問一台動作變得遲緩的電腦『你還好嗎？』，電腦也會回妳『我沒事』喔。」

「所以，山田女士，妳就算自問自答得出『我沒事』的結論，那也是因為妳的作業系統已經處於異常狀態了。」

我當下有醍醐灌頂之感。

產業醫師M醫生把尾林醫生介紹給我，並表示：

「這位醫生真的非常厲害。所有去過這家診所的人狀況都有所好轉。」

但我當時一心認為都是騙人的。

畢竟心理問題根本不是去看個醫生就那麼容易好轉的。我一直認為這是常識。

我心想，「M醫生應該是看我心情低落才這麼說的吧。」

尾林醫生的診所位於四谷，從我家出發得花1個小時以上，加上預約也很麻煩，我便把這件事擱置了一段時間。

在我拖延的這段期間，每次坐到筆電前就淚流不止。開會也無法露臉，連發言都做不到。

腹痛狀況也愈來愈嚴重，一直待在廁所裡而無法繼續工作，我才開始覺得這下不妙。

我急忙預約並走訪尾林醫生的診所，已經是1個月左右後的事了。

尾林醫生就像親友般讓人容易傾訴，所以我大大哭訴了一番

尾林醫生與我想像中的精神科醫師完全不同。

我在候診室時非常忐忑，但是進入診察室後，氣氛卻非常輕鬆。

尾林醫生給人的感覺不像醫生。說像親戚可能有點誇張，但就是讓人感覺不到隔閡而容易傾訴。

我因此聲淚俱下地哭訴了一番。

醫生很認真聆聽，還對我說：

「這並不是山田女士的錯。只不過目前處於這樣的狀態罷了。」

這番話令我備感欣慰。

「啊，原來是這樣。我總覺得悲傷而流淚，老是想著如果早晨不要到來就好了，這些都是因為狀況不佳的緣故。」

我對這樣的說詞心服口服。

我說希望每週工作3天或4天，但是尾林醫生與產業醫師M醫生都建議我留職停薪。

的確，就算把工作減少至每週4天，也不確定眼淚與腹痛是否能就此消停，於是我最後還是決定留職停薪。

醫生要求我留職停薪並好好休息，但我不知道該怎麼做才好

在那天之前，我通常是從9點開始工作，卻突然進入休假模式。

我在聊天室對來支援我的派遣人員說：「公司叫我休息。但我們還是悄悄保持這點聯繫吧。」結果對方說：「經理禁止我和山田女士聯絡。說是不要讓妳談論工作的事，所以我不能這麼做。」

我才知道自己已經完全被禁止工作了。

但是，雖然被要求好好休息，我也不知道該怎麼做才好（笑）。

尾林醫生跟我說「要廢就對了」，但令我感到疑惑的是：「該怎麼做才是要廢？」

白天家裡都沒人，所以我一開始還想著讀點書，卻怎麼也讀不下去。好像眼前罩著一層膜而難以看到對面，就算讀了也完全讀不進腦子裡。我想這大概也是憂鬱的症狀之一。所以大腦也容納不了工作，效率才會愈來愈差吧。

無可奈何之下，我決定吃藥睡覺好了，便試著入睡。

第1週，我對於不知道該如何休息而感到困惑。起初，因為藥物的關係，害我非常想吐又頭暈。

到了第2週左右，我漸漸適應了那些藥物，睡眠狀況也有所改善，已經可以一覺到天亮。

晚上孩子入睡後，我通常會再撐一段時間。

因為我覺得睡著就算輸了。我認為如果這時睡著，便再也無法工作，會把記得的事情都忘個精光。

不過拜藥物所賜，讓我昏昏欲睡，就此打破了這種習慣。

白天都在睡覺，哄孩子入睡時也會跟著一覺到天亮

晚上9點哄孩子入睡後，我不再像以前一樣起身做自己的事，而是跟著一起睡到早上。

然後我白天也一直睡，在床上滾來滾去耍廢，無論如何都要跟床培養出好感情似的（笑）。

早上送大家出門後，我愈來愈常大白天就躺在沙發上，閉上眼睛就直接睡著。

就算有出門，回來後也會吃完午餐就繼續無所事事，然後又進入夢鄉。我一直過著這樣的日子。

工作方面，我完全被排除在外，所以也沒有其他事情可做。

如此一來，我有愈來愈多時間可以面對自己，確認自己的狀態。

我漸漸能夠把注意力轉移到自己想做的事物上

「今天都還好嗎？」、「是的，大致都好。」至今為止，我都是像這樣稍作確認就算了事。

「今天還有一點睏耶」、「早起好痛苦啊」、「已經到了吃午餐的時間，但是今天不想吃飯，想吃吐司耶」，我漸漸可以像這樣把注意力放在自己身上了。

在此之前，我都認為只要時間一到，為自己補充水分或營養品就夠了。到了12點，必須在1個小時的午休期間進食。但我又不想離開電腦，因為我怕一離開就會忘了什麼或做錯什麼。

剛換工作那陣子，我都會挑些能用最短時間煮好的食物，像是燒水煮拉麵等。

後來漸漸連這些都省了，改吃孩子早上吃剩的麵包或現有的食物等，反正只要能先填飽肚子就好。

自從有了休養的時間後，說和自己對話是誇張了點，不過我開始會問自己「妳今天感覺如何？」之類的問題。

除此之外我無事可做，於是漸漸養成這樣的習慣。

腦中浮現想吃的東西並開始嘗試烹飪

這個習慣讓我漸漸可以聽到自己的想法，像是「今天莫名想吃烏龍麵耶」、「現在有點想吃巧克力」、「早上通常都喝紅茶，不過今天想喝茉莉花茶呢」等等。

我開始傾聽這些心聲，並產生「好，那就來泡茉莉花茶吧！」或是「那先來燒鍋熱水吧」的動力。

「我想這樣做」、「好喔，那就這麼辦吧」，我漸漸學會在內心進行這樣的互動。

「既然買到美味的麵包，那中午就用鮪魚並切些洋蔥來製作三明治吧！」還能夠像這樣具體搭配出菜單呢（笑）。

「今天很冷，那就煮火鍋好了。」開火並做些準備，或是多花些時間製作像樣一點的料理也難不倒我。

如今回想起來，忙到減少睡眠時間時，或是淚流不止時，我仍滿腦子都是「我必須好好照顧孩子」、「我現在必須工作才行」、「必須完成才能睡覺」之類的念頭。

久而久之，便再也聽不到想吃、想睡、想閱讀、想出門這類聲音了。

我想應該不是聽不到，而是自己一直壓抑著吧。

休息到第5、6週左右時，這方面漸漸有了變化。

我有個重大的發現：

「我也是有自己想做的事、想吃的東西和想喝的東西嘛！」

「啊，人確實存在所謂的『自我』呢，而且已經漸漸有力氣發出聲音了。」

這就好比一株名為「我」的植物從土中冒出了芽似的。我覺得自己意識到了這一點。

遮覆世界的那層膜突然悄悄消失了

自從可以入睡後，我漸漸有了些力氣，開始能進食後，又湧現出更多活力。

結果，在此之前我的世界都被一層膜覆蓋著，卻突然消散了，就好像點了眼藥水後，一切變得清晰可見。

我便想，那就來讀點比較容易閱讀的短篇小說吧。

因為每一篇都很短，讀完也很有成就感，這麼一來又會想再讀下一篇，逐漸形成一個感覺良好的循環。

在那之後，我開始會眺望天空。

以前接送孩子時，我總是低著頭，只想著必須盡早回家、快點工作，一心只匆忙邁步。

後來覺得老是這樣低頭走路也不是辦法，那就試著抬頭看看好了（笑）。

這對我來說是非常大的轉變。

因為我在此之前連自己總是低頭看地上這件事都不自知。

當我試著望向天空後，才漸漸察覺世界持續在運作，像是季節會逐漸推移，或是上週還是花蕾的花苞，卻突然開出粉紅色花朵等。

展開每週3天的工作，為回歸之前的業務做準備

我深感慶幸。多虧之前一直耍廢才有這些轉變，真是太好了。

在那之後大約過了2個月，我找經理商量：「如果可以的話，我想從下個月開始一點一點回歸工作。」

然後次月就開始每週工作3天，但不加班。

當時經理一副「咦？妳已經沒事了嗎？」的感覺。

他並沒有讓我立即重拾之前的工作，而是以「我們將要投入一個新的專案，請妳先為此做些準備」為由，讓我做些支援性的工作。

這種逐步回歸之前業務的準備讓我覺得好像還處於準備期，不過他們應該是想透過這種復健般的計畫協助我前進。

我已經懂得這樣轉念：「既然辦不到就算了」

以前，當工作一下子大量湧入時，我會覺得：

「那個也辦不到，這個也做不好，我實在太沒用了。」

在休息過後，公司讓我先從工作量較少的地方開始著手，所以我才能在「這個我可以，那個也難不倒。真想重拾以前的業務呢」的期望中度過頭幾個月。

我對此心懷感激。

我漸漸懂得以「兵來將擋，水來上掩」的心態去面對。

我後來才發現，經過那段耍廢、睡不停的生活後，我對自己的看法也產生了變化。

與其說是擺爛，應該說我的心態變成「派給我這麼多工作我也無法完成，那就算了吧」。

我之前都認為，就算是力所未逮的工作，也必須全部完成後交差。

但是經過這段時日的休養後，我開始認為，假如分派了10個任務給我，有3個是力所能及的，其餘7個則力有未逮，那就直接表明哪些我沒做過所以不懂就好啦。

在此之前，我老是被工作量或全新的工作內容壓得喘不過氣，一直被工作拖著走。

如今，我認為自己才是這些工作的執行者，所以哪些辦得到、哪些做不到、哪些是現在必須完成的、哪些可以延後處理，全憑我做主。

如果有人有什麼意見，到時候再隨機應變即可。大概就是這樣的心態。

我以前都像是被馬兒拖著走，如今卻覺得我是手持韁繩的那一方。

以前就算有人替我擔心，我還是認定「如果做不到就會被解僱」

我剛進公司時都一直認為，必須盡快做出成績，學會前任負責的所有工作，並展現出擁有我這個員工能有哪些好處等附加價值。

但我現在覺得那根本是癡人說夢嘛（笑）。

畢竟前任已經做了好幾年，我只靠2週的交接是不可能全部學會的。

當時，身為主管的經理很擔心我，還對我說：

「妳慢慢來沒關係，畢竟才剛進公司，做不到也是理所當然的。」

我雖然嘴上回答「是，好的」，卻無法理解。

當自己的狀態不佳時，就無法坦然接納別人說的話呢。

雖然經理是這麼說，但外商公司終歸是理性主義，所以我只會用「反正我的表現太差就會被解僱吧」這種扭曲的角度來解讀。

如今我覺得經理當時說的那些話確實不假，而且很體諒我的處境。

我已經懂得以俯瞰的視角來審視，也就是冷靜地針對每件事做出判斷。

就連總是吵吵鬧鬧的丈夫與孩子都不再令我掛懷

我對丈夫與孩子的態度也是如此。

有時光是他們的存在都令我厭煩不已。這讓我承受龐大的壓力，覺得他們一個個都這麼吵，真是夠了！

他們只要發出一點「哇～」之類的吵鬧聲，都會讓我極度厭惡而一直躲在廁所裡不出來。

不過我現在已經能夠心平氣和地與他們正常對話了呢。

在我的狀況不佳的時候，很多事物看起來都像被覆蓋了一層面紗，但另一方面又有過量的語言與聲音不斷灌進耳中，而我又會對這些字句與聲音一一產生反應，所以早已疲憊得無以復加。

當我能夠自然而然地把不必要的聲音隔絕在外後，變得輕鬆許多。

如今就算孩子們大打出手，我也會先觀察情況，有必要時再介入。

感覺我漸漸有了餘裕去思考「我該怎麼做？再等等？還是現在就介入？」之類的。

雖然有所懷疑，但「一定會好起來的」這句話是我一直以來的支柱

尾林醫生一開始就跟我說：

「山田女士，妳可能覺得現在的狀況非常糟糕，不過總有一天妳一定會為此感到慶幸的。」

那時我還邊哭邊質疑：「什麼嘛，怎麼可能有這種事！」（笑）

不過我一直銘記在心。

他們告訴我「一定會好起來的」，雖然我內心存疑，覺得尾林醫生與產業醫師M醫生都是因為我是病人而想鼓勵我，才會這麼說的，但有一部分的自己還是乖乖地把他們的話聽進去了。

M醫生對我說，「去過這家診所的每一個人狀況都有所好轉。山田女士也會好起來的。」尾林醫生則是說，「妳一定會好起來的，而且總有一天會慶幸

曾經有過這段經歷。」我總覺得他們的話一直流淌於我心底深處，成為我的支柱。

雖然一開始踏入心理診所的門檻很高

在此之前，我一直認為，精神層面一旦崩潰則萬事俱休。

因此，雖然大家都叫我要休息，我卻覺得休息後不知道什麼時候才能回歸正軌。

若按照世人的說法，我們不是應該長長久久地與社會接軌嗎？

因此，就算醫生都這麼說，我還是懷疑自己是否真的會有好起來的那一天。

要踏入心理診所這種地方，一開始的門檻果然還是很高呀。

總覺得如果靠藥物來提升自己的心理水位，我可能就不再是我了？

生。

我會不會因而變了個人？這般胡思亂想了一堆有的沒的後，恐懼便油然而生。

不過見過尾林醫生後，發現他和我印象中的精神科醫師截然不同。不僅一點壓迫感也沒有，還有一種不知該怎麼形容的特質，就是會讓人坦然地聆聽並傾訴。

剛開始治療的時候，M醫生跟我說：「請好好與我和尾林醫生合作，我們絕對會成為山田女士的後盾，一直支持妳的。」

「什麼？我可以有這樣的人當後盾嗎？」這讓我感到無比安心。

在我軟弱到想從這世上消失時，得到了他們的支持

在休息前，狀況糟糕透頂時，我曾幾度想從這個世上消失。

「唉，我真想就此消失。」

我自己也覺得這樣的念頭可能不太妙。

只要消失就能結束這一切，有何不可？我當時的想法已經出現了異常。我前面不是說過我會在凌晨2點左右睡覺嗎？我會設好6點的鬧鐘，卻覺得如果早晨再也不會到來就好了。

想必那時真的很痛苦吧。

已經脆弱到不顧一切了。

我很感激他們並沒有居高臨下地看待那般脆弱的我，而是跟我說要一起走下去。這讓我備受鼓舞，覺得自己不是孤身一人。

不光是換工作後才這樣，我應該是從孩子出生後就一直在壓抑自己，不斷對自己說「妳必須做到、非做到不可」。

自從嘗試休息後，我對自己的認識產生了莫大轉變。
如今我很慶幸有過這段經歷。

COMMENT

我很驚訝山田女士已經可以如此回顧過去並詳實訴說自身的變化了。
她是以一種非常理想的形式一步步復原，但我想補充一點，並不是每個人都能恢復得這般順利。
不過可以肯定的是，即便狀態時升時降，仍會穩步恢復的。

聽聽別人的經驗談②

小川次郎先生（36歲）任職於外商保險公司（化名）

曾在診察時間短的診所接受治療，未根治而再度復發

加班300～400小時。早上在旅館裡小睡片刻後又進公司

我是在2017年9月發病的。

我當時是待在運輸公司的部門，工作模式極其特殊。雖然令人難以置信，但我總是從早上9點一直工作到隔天早上6點。我會直接住旅館，小睡片刻後，9點就又進公司。這樣的生活持續了2年左右。連週六週日都幾乎沒有休假。

每個月的加班時數大概是300～400小時。

幾乎每天都工作21小時。我算是比較擅長釋放壓力的人，但身體上還是吃不消。

一開始是失眠。

我在早上6點多回到旅館，但是處於一種不確定有沒有睡著的狀態。而我決定暫時先觀察看看。

2017年9月的某一天，剛好有了一天假，所以我和當時正在交往、如今的妻子一起去晴空塔遊玩，結果一陣不適猛然襲來。

因為有點發燒，於是打道回府，睡了一覺後，隔天早上身體就動彈不得了。

知名心理診所診斷為抑鬱狀態

我去找了產業醫師，結果被要求「請立即請假，好好休息」。

於是我又去了一家相當著名的心理診所。

醫生好像是診斷為抑鬱狀態，說我的燃料已經完全枯竭了。

還被建議暫且先好好睡覺。

在家療養1年半後，換了份工作。二度換工作時，再次出現不適

我持續每2週去1次診所，但只有最初那1次拿到了藥，後來醫生再也沒開藥給我。

我一直在家療養，等待復原，最終大約休息了1年半。

運輸公司對我關懷有加，不過那段時期也在考慮換工作，所以去了一家網路廣告公司，工作了1年半左右。

這家公司的環境不錯，但我有意更上一層樓，於是再度跳槽到一家顧問公司。

然而，那家公司的工作時間也很長，是壓力非常大的職場。

可能是想起之前在運輸公司那段日子，換工作不久後，我又因為身體狀況不佳而必須休養。

我找了上一家網路廣告公司裡一名類似諮詢師的人商量，結果他為我介紹了尾林醫生。

我在尾林醫生的診所裡進行了1小時左右的問診，果然我的病情已經到了需要藥物治療的程度，所以才會淪落到今天這般田地。

去第一家診所看診時，我並沒有心理失調這種認知

我去第一家診所時，對自己的症狀一知半解。

醫生要我暫且稍做休養，但也只有最初2週有開藥，而我本身並沒有意識

到心理失調這回事。

因為當時就是筋疲力盡，以至於身體陷入動彈不得的狀態。

如今想來，應該是心理失調沒有完全根治。

導致我必須在尾林醫生的診所治療這個部分。

醫生謹慎地增加藥物劑量，服藥2個月左右後，日常生活已無大礙

尾林醫生非常謹慎地為我開了藥。

他先開出第1類藥物，從極少量開始逐漸少量地增加。隨後再一點一點加入第2類藥物，大致上是如此。

我服用的抗憂鬱藥物中，有用來調整血清素的，也有用來調整多巴胺的，兩相搭配並逐漸增量。

我也自行查了資料，加上醫生都會仔細跟我解釋，所以我對藥物有了充分

的理解。

我服用了A藥、B藥與C藥，頂多因為好像有點不太適合，而把C藥改成D藥，整體用藥方針並沒有太大幅度的改變，我覺得進展得很順利。

大約2個月後，雖然還沒恢復到可以正常上班的程度，但已經有所好轉，在日常生活上已無大礙。

最終，我辭掉了顧問公司，然後在10個月後的2021年6月進入現在的公司。在那之前，我有領傷病給付，妻子也有在工作，所以並沒有生活無以為繼之感。

那10個月左右期間，我持續運動與學習。我會和以前公司同期的同事打網球，每週去看1次醫生以確認一下狀態，過著早上起床晚上睡覺的生活。

感覺在我開始服藥後，很快就恢復了八成左右，但最後從八成恢復至十成時就稍微費了些勁。

以我的情況來說，問題出在發病時所待的工作崗位工作量實在太大，再者則是並未完全根治。

持續去第一家診所看病時，總會懷疑繼續這樣下去真的好嗎？

我最初去的那家醫院病人非常多。

尾林醫生會確實預留15分鐘以上的時間來為每位病人看診，而前一家醫院卻只有3分鐘左右。

第一間醫生的問診會從「最近如何？」這種軟綿無力的對答開始，而我也只會軟綿無力地回以「沒什麼變化」。

而我偶爾也是會提問的。

但是對話多以「我不需要服藥嗎？」、「不用，我認為你沒什麼大礙」這樣的感覺繼續下去。

只有3至5分鐘果然說不上什麼話呢。

畢竟這是一家熙來攘往的醫院，候診室裡擠滿了人。總是有10至15人左右。就算有事先預約，也要等約1小時。

這麼一來，就算輪到自己，也沒辦法開口說些：「我最近覺得……」之類的話。

我是外行人，所以認為主導權在於醫生。即便我向醫生發問，談話也沒有進展，由我主動說些多餘的事好像也不太妥。

坦白說，我當時持續去看病時，總會懷疑繼續這樣下去真的好嗎？

感覺醫生與我的認知是一致的，才得以在信服的情況下開始治療

自從我開始去尾林醫生那裡看診後，我才知道，引導病人說出真心話，詳實告知情況，藉此消除與醫生之間的認知差異，是診察的第一步。

必須把當下是什麼樣的狀態化為語言，比如是如何失眠？覺得迷霧是如何遮覆大腦？確實地傳達給醫生。

我認為之前就是因為看診時間不足，才導致醫生和我的認知之間一直存在著極大落差。

如今則確實做到一來一往的對話，所以是抱持著一種醫生與自己，都對狀況有著相同認知的信服感來進行治療。

去之前那家診所看病時，感覺只是單純度過那段時間。

如今則覺得自己腦中已經可以看到往後治療的發揮空間等。我認為，迷路般沒有方向、與有前進指標這兩種狀況，在接受治療的動力上會有所差異。

開始認為，人一旦心無餘力，就無法有良好表現

我原本是堅定自律且愛逞強的類型，若能更早懂得適時應付了事就好了。可能是因為我12歲就離開父母身邊，從國中就一直住在宿舍的緣故。身處運動與學習都要兼顧的宿舍，我必須凡事靠自己處理。

如今，堅定自律這點依舊不變，不過我開始認為，人一旦沒有一點餘力或缺乏休息，就無法有良好的表現。

我的想法漸漸有了改變，轉而把休息與健康擺在第一位。

我領悟到，沒有餘裕，是無法享受人生的。

我原本的個性尖銳帶刺，但後來也開始對人敞開心房。總覺得自己的個性有了些許轉變，似乎變圓滑了些。

妻子一直為我憂心卻不會對我絮絮叨叨

妻子很了解我公司的情況，也知道我不太喜歡被干涉，所以不會對我絮絮叨叨。

她當然很擔心我，而且還包辦所有家務等，對此我心懷感激。

她跟我說，跟以前比起來，你如今像換了個人似的呢。

每當我在工作上稍微努力過頭時，妻子都會叮嚀我，要我稍做休息，甚至要求給她看我的日程表（笑）。

走訪自己想去的書店，接著把一些要事辦妥，然後去用餐——我以前放假時都是這樣度過的。

最近則愈來愈常和妻子一起出門，行程全交由妻子安排，如果她想去百貨公司，我就跟著去。

雖然去百貨公司也只是呆等她購物，不是很有趣就是了（笑）。

現在的工作型態比較理想，也比較適合自己

我如今在一家外商的保險公司從事業務工作。

當時剛好接到挖角電話，覺得好像滿適合自己的，就這麼定了。

有人說這工作應該不輕鬆，不過既沒有業績目標，公司氣氛也不錯，加上工作時間沒那麼長。只不過必須堅持不懈，不能氣餒。

自我開始工作以來，總是被分配到經常加班的部門。

年營業額會隨著調整而有數億日圓的變化，所以根本沒有盡頭，而且必須證明可以擔保要保人的安全風險等，既耗腦又費神。

所以那個部門陸續有人罹患癌症或手舉不起來。該如何調整工作模式還真不是件易事呢。

我當時工作的拚命程度可說是全日本數一數二的，不過加班費是有上限的，所以收入和公司其他人並沒有太大不同。

既然如此，如今這種根據自己提供的價值來給薪的佣金制度較為理想。這種有點類似個人事業般的工作型態比較適合我。

我認為跳槽到現在這家公司應該是件好事。

COMMENT

別的先不說，令我吃驚的是，竟然存在著這麼長時間勞動的工作。而像小川先生這般，曾經留職停薪卻沒有完全根治的病例不在少數。

我覺得小川先生來到我的診所後，很積極地試圖了解療程，一起朝著康復的目標邁進。

第4章

治療與藥物等方面不可不知的事項

Q.17 應事先了解的藥物種類有哪些？

Ans. 分為抗憂鬱藥、抗焦慮藥與安眠藥等5大類，每一種的作用各異。

了解目的後再服藥，才能順利邁向康復之路。

我希望在不會過於專業的範圍內，向大家說明應該事先了解的藥物相關知識。

精神科的藥物一般稱為精神藥物，這是統稱時所用的名稱。精神藥物又分為5大類。

首先是抗憂鬱藥，再來是抗精神病藥、抗焦慮藥、安眠藥，以及情緒穩定劑或抗癲癇藥。

①抗憂鬱藥

正如其名所示，抗憂鬱藥就是用來治療憂鬱——有憂鬱症、憂鬱狀態、抑鬱症等各種說法——所用的藥。

一般認為，憂鬱症患者是處於缺乏或無法順利接收血清素、正腎上腺素與多巴胺這3種腦內神經傳導物質的狀態。

抗憂鬱藥便是用來調整並相對增加這些物質的。

病人處於這3種神經傳導物質比其他人還少的狀態，所以抗憂鬱藥就是要發揮作用來盡量有效活用這些物質的藥物。

其作用在於緩和抑鬱情緒、消除不安與焦慮、協助統整思緒或是增加幹勁等。

身心內科與精神科診所所開立的藥物應該大多都是抗憂鬱藥。

②抗精神病藥

抗精神病藥這種藥物經常用於治療所謂精神分裂症的疾病，有時也會用來治療憂鬱症。

心理失調的人拿到這份藥方時或許會大驚失色，以為自己罹患了精神分裂症。我認為應該讓病人事先知道，這種藥物有時也會少量用來治療憂鬱症。

開立抗精神病藥的目的在於預防多巴胺的過度釋放。

有人提出了一項假說，認為精神分裂症是一種因為多巴胺分泌過剩而引發幻覺或妄想等精神狀態的疾病。

在治療憂鬱症時，也會把抗精神病藥用來調整多巴胺的釋放量。

③抗焦慮藥

顧名思義，這是用來消除焦慮症狀的藥物。

有些巧克力等食物中會添加GABA這種物質。

GABA感受器就是這種巧克力的GABA在體內附著的部位，抗焦慮藥則可對其發揮作用，有助於減輕焦慮。

抗焦慮藥是相對容易開立的藥物，就連內科也有開立此藥的案例，比如病人有情緒上的痛苦時便會開出這種藥。

然而，抗焦慮藥也有危險的面向，所以最好事先加以說明。

首先，肌肉鬆弛作用是其一。

此藥具有放鬆肌肉的作用，所以使用過多會陷入一種全身無力而無法使力的狀態。

再者是成癮性的問題。

如果持續漫不經心地開立此藥，有時會導致病人不吃藥就無法如常生活。

在適當期間使用適當的量變得極其重要。

④安眠藥

安眠藥是有助於改善睡眠狀態的藥物。

睡眠相關問題有４大類，分別為難以入眠（入睡困難）、醒來次數多（時睡時醒）、清晨早早醒來（過早醒來），以及覺得沒睡飽（缺乏深層睡眠）。

較傳統的藥物統稱為ＢＺ類（苯二氮平類）。ＢＺ類的助眠劑含括短效性、中效性乃至長效性等許多作用時間各異的類型。

因此，開立ＢＺ類安眠藥時，確認自己的症狀與該藥物的作用時間是否一致便至關重要。

近年來又研發出褪黑激素與食慾素等類型的藥物，可作用於神經傳導物質，來調整睡眠與清醒的規律。

這類新型藥物可謂萬能型藥物，對睡眠相關的４類問題中的任何一類都能發揮作用。

⑤情緒穩定劑或抗癲癇藥

這類藥物可以抑制情緒上的變化，是常用於雙相情緒障礙症（躁鬱症）病患的藥物。

癲癇是腦內某個部位的神經細胞變得活躍或功能異常所致，抗癲癇藥即為用於治療該疾病的藥物，不過也會作為雙相情緒障礙症的治療藥來運用。

抗癲癇藥有很多種類型，而情緒穩定劑則是只以鋰為主要成分的藥物（一種商品名為Limas的藥物）。

POINT

●精神科的藥物可分為以下5大類。

・抗憂鬱藥：緩和抑鬱情緒或消除不安與焦慮。

・抗精神病藥：預防多巴胺的過度釋放。

・抗焦慮藥：消除焦慮症狀。有肌肉鬆弛作用，且有時會引發上癮，所以必須留意使用方式。

・安眠藥：改善睡眠狀態。睡眠的障礙與藥物的作用時間必須一致。

・情緒穩定劑或抗癲癇藥：抑制情緒上的變化。

Q.18

關於藥物劑量，應事先了解哪些事項？

Ans.

該藥物的最大劑量，以及相對於最大劑量，自己所拿到的處方大約是多少劑量。

不同藥物的最大劑量截然不同

精神科有時會從前述的5大類藥物中開出其中一種藥，有時則會開立多種藥物搭配而成的藥方。

這種時候最好事先了解一件事，即藥物劑量也有其含意。

每一種藥物都有其最大劑量。所謂的最大劑量，是指1天可服用的攝取量上限。

比方說，抗憂鬱藥A的最大劑量為20毫克，同為抗憂鬱藥的B，最大劑量則為100毫克，如此所示，每種藥物的最大劑量完全不同。

因此，最好事先掌握處方藥的最大劑量大約是多少。

雖然這種情況不應該會發生，不過如果醫生開立的藥物超出最大劑量，問題可就大了。

相對於最大劑量，自己所拿到的處方大約是多少劑量？

我希望大家先確實掌握的一點是：相對於最大劑量，自己目前所拿到的處方大約是多少劑量？

比方說，如果最大劑量為10毫克，醫生開給你的是「10的一半，即5毫克」，還是「10分之1，即1毫克」，這代表的含意會有所不同。

並非劑量多就好、劑量少就不好。

開藥時的基本原則就是：先一點一點增加，覺得有治療效果時，會先暫且維持該劑量，待病況好轉後，再逐步減量。

然而，對病人而言，是A藥適合呢？還是B藥適合呢？這必須試了才知道。

如果A藥不適合就改成B藥，如果連B藥也不適合再換成C藥，必須像這樣仔細向病人說明，在信賴關係中一步步嘗試。

醫生這方在增加藥物劑量時，必須格外密切地留意。

如果未加以解釋就增加劑量，病人會感到不安：

「醫生是不是認為我的症狀很糟所以增加了藥物劑量？」

舉例來說，我會這樣跟病人說：

「到目前為止開的藥物劑量是最大劑量的3分之1，這次要將劑量提高至3分之2，確保這個藥能發揮更確實的支持效果。你如今已在逐步恢復，增加劑量是為了讓你的恢復狀況更為穩定，並不是因為狀態惡化喔。」

只要我這麼說，大家通常都會信服。

「原來增加藥物劑量不是因為症狀惡化了，而是為了加快恢復期所費的心思。」

只要病人能這麼想，就會因為理解而好好吃藥。如果只是單方面告知「是時候增加這個藥的劑量了」，反而會害病人感到絕望吧。

明明做這樣的解釋只需要短短10秒鐘左右，但事實上很多醫生都會省略這個步驟。

如果狀態沒有改善，卻一直開出種類與劑量不變的用藥指示，最好試著問問醫生其治療方針為何。

以我來說，如果判斷A藥物對某位病人有效，劑量就不會一直維持在1，而是逐步增加至2或3。

如果這麼做症狀仍沒有改善，我便會認為應該再加上B藥，或是換成C藥。

POINT

●每一種藥物都有其最大劑量。
●最好事先了解相對於最大劑量，自己所拿到的處方大約是多少劑量。
●開藥時的基本原則是，先從少量開始嘗試，如有效果則先維持，待好轉後再逐漸減量。

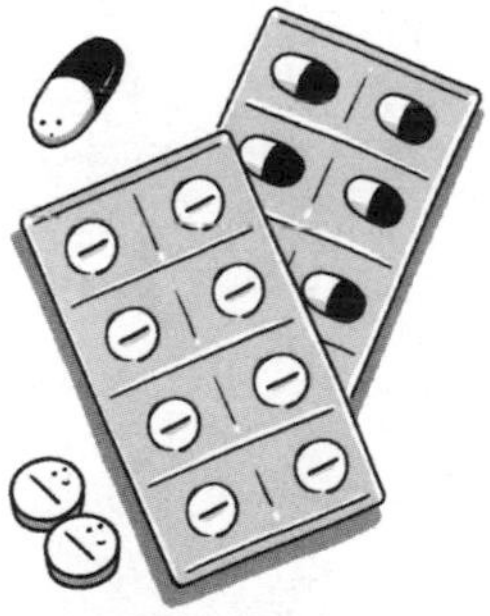

確實掌握醫生
開立的藥物劑量

Q.19

藥物的說明書上寫了許多副作用，是否安全無虞呢？

Ans.

這只是為了取得藥物批准的程序所需，所以沒必要在意上面寫的所有副作用。不如試著向醫生詢問確認。

有些人認為，「精神科的藥物似乎多會出現副作用，令人苦不堪言，其實應該盡量不要服用比較好。」

但並不是這麼一回事。我希望大家務必解開這樣的誤會。

無須太過在意說明書或網路資訊上所寫的副作用

藥局給病人的說明書上會列出許多副作用，如果上網查詢，還會出現更大量的副作用。看了這些後，恐怕會懷疑這些藥物只會引發副作用吧。

試圖透過文字敘述來了解副作用實在稱不上是好辦法，因為只會被激起恐懼而無法獲得應該了解的資訊。

要取得藥物批准時，基本上要1例不漏地羅列出在臨床試驗中所出現的副作用。畢竟關乎到病人的性命，所以不得不這麼做。

然而，舉個例來說，如果參加臨床試驗的人當中，碰巧有人罹患了前列腺肥大症，服用A藥物後，排尿變得困難。即便顯然是前列腺肥大症造成的，仍必須把排尿困難列入A藥物的副作用中。

嚴格來說，並不清楚副作用與該藥物之間是否存在著因果關係。

即便製藥公司對於「這是A藥物的副作用嗎？」有所懷疑，就連受試者本人都認為應該沒有關聯，但是在藥物面世時，仍要寫上A藥物有這些副作用。

即便上頭羅列了會危及性命的副作用，出現病症的頻率也不高。因此，想知道真正應該擔心的副作用有哪些，取得確切的資訊才是最重要的。

事先詢問「較容易發生的副作用有哪些？」

比方說，有一種抗憂鬱藥名為「立普能」，查看其附帶的說明書會發現列了大量的副作用。痙攣、倦怠感、頭暈、失眠、腹瀉與食慾不振等，一字排開都是令人畏懼的症狀。

不過我經常斬釘截鐵地告訴病人：

「以臨床角度來看，應該擔心的副作用是這個。其餘的副作用無須過度在意。」

如果醫生一聲不吭地開出立普能的處方，病人後來看到文字敘述的資料，應該會產生「哇，好恐怖，真不想服用」或「還是不要服用好了」等念頭吧。然而，如果服藥前醫生就先告知「比起其他藥物，這種藥比較不會出現副作用，所以不必太擔心。頂多偶爾有些人會出現嘔吐感」，感受應該會截然不同。

醫生在開藥時，應該先口頭說明清楚實際上較容易發生哪些副作用。然而，許多醫生都不會詳加說明，這種情況下，亦可由病人詢問「較容易發生的副作用有哪些？」

POINT

- 藥物說明書上所列的大量副作用無須一一放在心上。
- 如果醫生沒有說明，不妨試著詢問實際上較容易發生的副作用有哪些。

Q.20

如果出現副作用，是否應該停止服藥？

Ans.

有些副作用只要忍耐幾天就會消退，另有些藥物可以抑制副作用。建議向醫生諮詢，衡量藥物的利與弊。

副作用大多幾天後就會消退，另有一些藥物可以抑制副作用

希望大家先明白一件事，即副作用大多忍耐幾天就會自然消退。

市售成藥的說明書上都寫著：「如果出現副作用，請停止服藥」，所以很多人都認為只能立即停藥，但如果是在醫生的指示下服藥，則不在此限。

此外，還要請大家記住一點：有些藥物是可以抑制副作用的。

如果出現副作用，應該忍耐還是換藥？

出現副作用後的應對方式會因人而異，且須考慮到程度的問題。比方說，假如因副作用而出現嘔吐感。

有些人可以勉強忍過去，但有些人較無法承受嘔吐感。必須針對藥物所帶來的好處與暫時性副作用的壞處進行一番衡量，並思考該如何應對。

副作用多半2、3天就會消退。

然而，以「雖然會有副作用，但2、3天就會消退，所以請持續服用」來要求病人未免太過苛刻，畢竟有些情況下，要忍受3天的嘔吐感是相當痛苦的事。

因此，希望醫生能事先告訴病人：

「副作用大概2、3天就會消退。這種藥物的效果發揮得比較慢，會有點令人不耐煩。不過熬過去是值得的，所以如果能努力忍一下就再好不過了。」

如此一來，出現嘔吐感時，有些人應該會想著：「醫生說過這會持續幾天，那我再稍微努力忍一下吧」，而能夠繼續服藥。

如果嘔吐感實在難以忍受，還有個辦法是服用抑制副作用的藥物，或是換成別的藥。與醫生討論這些用藥事宜，逐步推進療程即可。

POINT

●副作用大多幾天就會消退，所以不能一概建議病人應立即停止服用。

●有些人因為副作用而痛苦不堪，有些人則覺得可以忍受。

●針對藥物的好處與副作用的壞處加以衡量思考一番。

Q.21 我的藥物劑量已有減少，是否意味著停止服用也無妨？

Ans. 即便藥物的劑量減少了，仍是一種支撐，所以不停止服用而是慢慢地逐步減量是很重要的。

有些人誤以為，藥物劑量減少就表示病情已好轉，那麼便可以不必去醫院或停止服藥了。

既然已經恢復了，就會不想再去診所，畢竟很麻煩，又花錢又花時間。尤其是未與醫生建立起信賴關係的情況下，更是如此。

有時會把1錠藥切成4分之1，或磨碎分成10分之1來逐漸減量

然而，目前的良好狀態有多大程度是仰賴這些藥物的支撐，並不是病人本身可以明確判斷的事。

即便劑量已減至微量，突然停止服用也不太妥當，因為少了藥物的作用，病情有時會急轉而下。

就算會給藥劑師添麻煩而被討厭，我開立藥方時還是會要求將1錠藥切成小塊，比如4分之1或是8分之1，以此逐漸減少劑量。

如有必要，甚至會要求將藥錠磨粉後分成10分之1，並與其他藥粉混合。

希望大家能抱持著這樣的認知：藥物也是幫助病人恢復至今的重要支持者。

並非停藥就表示治療結束了

我認為醫生在減藥上也應該慎之又慎。

「你現在的狀況已經大有好轉，可以開始減藥了，不過如果健康再度亮紅燈，你我都會很難過吧。所以，關於這些藥，我會一點一點逐漸減量喔。」

以這種方式向病人解釋比較好。

在此之後，即便不再開立藥物，也不表示治療就此結束。

我會這樣告訴病人：

「真是太好了，現在不必服藥了。那麼請你以這樣的狀態度過1個月，之後再來告訴我有沒有什麼問題。如果一切無礙，屆時就可以畢業了。」

POINT

●即便劑量已減至微量，少了藥物的作用，病情有時會急轉而下。
●根據自己的判斷而中斷服藥並不妥當。
●並非停藥後就表示治療結束了。

Q.22 是否有可能必須一直持續服用藥物？

Ans. 有些情況下必須持續服用藥物，但這並不表示尚未痊癒。

雖然是少數，不過有些人每次減藥後病情都會惡化。病人會質疑這是否為藥物成癮，但並非如此。

服用藥物後，病人會暫且恢復至以前的狀態，這是藥物的介入才讓病人得以處於最佳狀態，所以不能立即停藥。

這和高血壓與糖尿病是同樣的道理。持續服用藥物不等於失敗，根本沒什麼大不了

我想像得到，有些人會認為，無法憑一己之力來克服是不自由的，難以視為圓滿的結局。

不過這種時候我都會告訴病人：

「請試著從治療身體疾病的角度來思考。」

高血壓與糖尿病患者每天都必須按時服藥，預防血壓或血糖值上升以便如常過生活。

持續服用藥物既不違反自然，也不表示疾病無法治癒。

「如今只要服用藥物就不會有大礙，這是件好事呢。你能好好吃藥實在很了不起。」

很少有人會因為必須持續服用降血壓藥物而覺得自己很窩囊。

精神科的藥物也一樣，無須認為每天服用就是敗給疾病了或視為壞事。

藥物已經成為支撐自己的一部分，不妨將其視為夥伴，持續加以活用

「現在還保留的這些藥物已經成為支撐你的一部分。如果狠心捨棄了夥伴，身心很容易失去平衡。因此，今後不妨繼續好好善用這些已經逐漸化為你身體一部分的夥伴。」

我會這般建議病人，並讓他們信服。

藥物的存在是否為惡？這點尚有爭議。如果說得極端一點，我個人是屬於「希望病人認為就算服藥一輩子也無妨」的那一派。

當然，不服藥就不必花錢，也沒必要了解藥物相關事宜，光是這樣就能減輕壓力而輕鬆不少。

然而，我希望大家能明白，把藥物當作自己的夥伴並持續服用，既非軟弱也不是失敗。

POINT

- 持續服用藥物並不是失敗也不是壞事。
- 一直支撐著自己且已成為夥伴的藥物是不能捨棄的。

Q.23 精神科的診察與諮詢分別會進行哪些事？

Ans. 診察就是要確實掌握療程。諮詢則是由醫生與病人一起確認思考習慣等。

診察應該先從閒聊開始，緩解病人緊張的心情

所謂的診察，內容其實相當模糊。

只要將我的診察案例加以分析，會發現最重要的要素便是閒聊。醫生必須透過閒聊，確實緩解病人緊張的心情。

即便是早已習以為常的人，來到診所後的前2、3分鐘，內心仍會稍有防備。

因此，我會花3分鐘左右在不值一提的閒聊上。

比如：「喔，你那雙涼鞋不錯看耶！是在哪裡買的？」或「你剪頭髮了呀？」等，透過閒聊作為暖身，好讓病人能暢所欲言。

如果一進到診察室內就被問：「狀況如何？」，感覺很難順暢回答而支支吾吾。

我認為，為了確實展開診察，能讓病人放鬆心情的回話、交談、氛圍與氣氛的營造等都至關重要。

初期先透過診察來確認服藥狀況，之後再掌握療程

診察可說是為了確實掌握療程。

治療初期以調整用藥為主。這個時期會要求病人大約每週來1次醫院，確認是否有副作用。

如果出現副作用，則同時服用抑制副作用的藥物，藉此逐步將主要藥物確

實增加至所需劑量——最初的1個月左右應安排足夠的時間來進行這項作業。

病人在治療初期被問到「跟上週比起來，感覺如何？」時，通常都還沒什麼感覺。

心理上的疾病是很難在短時間內就實際感受到好轉的。即便被問到：「跟上週比起來，感覺如何？」，病人也很難回答：「喔，我已經可以做到這些事了」。

診察就是要觀察療程，經過1個月左右後才會漸漸進入正式治療。在這期間，會漸漸變成每2週來1次或每3週來1次醫院。之後再持續1或2個月，就差不多可以跟病人說：「我們試著回顧一下這1個月的情況吧！」

如此一來，病人會自己發掘一個又一個良好的變化，比如：「啊，總覺得我已經可以辦到這些事了」等。

讓病人自己去感受良好的變化，具有莫大的治療效果。

到了中期以後，將會由病人與醫師一起進行時間跨度較長的回顧，藉此逐步掌握療程的進展。

諮詢則是一同確認，情緒緊繃程度、與思考習慣等

諮詢有各種含意。

我認為諮詢這項作業是指由醫生與病人一同確認，其情緒緊繃程度與思考習慣等，並於必要時加以修正。

比方說，如果病人容易鑽牛角尖，便會請他回顧至今為止的行為傾向，然後一起討論，並一次次點出其癥結點：

「你經常在這種時候鑽牛角尖，對吧？」

病人只要在復原後逐一爬梳至今為止的想法，也能漸漸看清那些連自己都

頭痛的癥結點。

從中意識到，鑽牛角尖會讓人對事物的看法變得悲觀，或是難以積極地推進任何事。

這種鑽牛角尖的傾向若再這樣繼續下去，之後很有可能促使病情復發。

要治癒目前所罹患的疾病時，我會進行雖不直接卻很重要的側面支援。

若要避免病人鑽牛角尖想太多，我會建議他們：

「不妨事先準備一套自己專屬的觀點來解讀任何事物。」

「如果能夠這樣看待事情，一定會輕鬆許多。」

這個過程便可稱之為諮詢。

我已將這套作業納入診察之中。

有些醫生跟我一樣，是將諮詢與診察結合起來進行，有些診所則是另設項目，將諮詢交由心理師負責。

POINT

●應於診察中確實掌握療程。

●應於諮詢中逐一確認情緒緊繃程度與思考習慣。

Q.24

覺得已經好轉卻又惡化，是因為治療方式不適合嗎？

Ans.

這是必然會發生的情況。

在大幅度的恢復過程中，難免會有些小幅度的起起伏伏。

恢復過程不會是一條穩定上升的曲線，而是會時好時壞。不妨把這個過程想像成浪潮，會有大波浪與小波浪。

「如果跟1個月前或3個月前比起來呢？」

所謂的心理失調，指的是原本很正常，卻因某種原因而陷入憂鬱狀態，然後情緒一下子跌落谷底。

從谷底爬升起來的上升曲線則因人而異。

只要與醫生建立了信賴關係，用藥也穩妥，連環境都加以整頓，想必可以

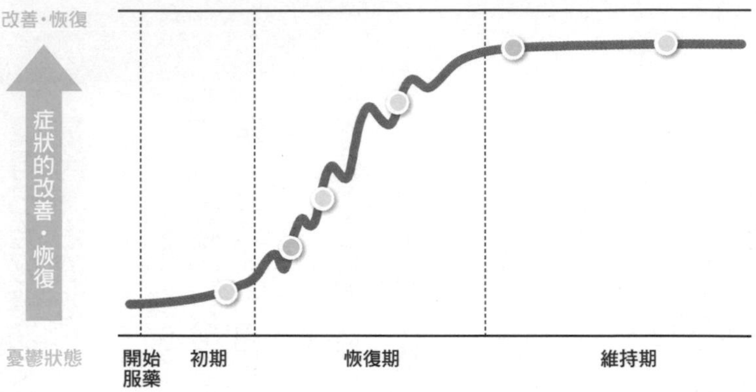

描繪出一條穩定的上升曲線。

另一方面，如果醫生沒有明確地說明，無論是開藥還是服藥都漫不經心，且未能獲得周遭人們的理解，就無法達成急速上升的陡峭曲線，不過還是會逐漸恢復的。

我現在所說的是大波浪，只要想像一下大波浪的曲線上也會有小波浪即可。

「醫生，我今天的狀況比昨天糟多了。」

病人很常這麼說。

面對這樣的病人，我會反問：

「那如果跟1個月前或3個月前比起來呢？」

大部分病人的回應都是：

「那個時期的狀態糟透了，所以跟那時比起來，現在已經好很多了。」

即便短期來看覺得狀況好像變差了，但大波浪仍是存在的，以整體來看是持續上升的。

我會叮囑病人：

「請不要以短短幾天為單位而忽喜忽憂。」

如果只關注小波浪，往往會備受煎熬，還會看不清整體狀況。

發生小波浪是病人正竭盡全力面對治療的證據

之所以會發生小波浪，有時原因不明，但也有可能有多種原因。

然而，我認為最主要的原因在於，病人正竭盡全力地思考自己的康復問題。

如果一心一意想要痊癒，有時反而會喘不過氣吧？

該不會再也好不起來了吧？該不會一直持續這樣的狀態吧？這種被消極想

法所支配的時期會週期性地降臨。

因此，發生小波浪就表示病人正竭盡全力地面對治療。

「我想好起來。希望盡早回到公司、回歸社會。」

這種念頭愈強烈，愈會對自己還沒完全恢復到那個狀態而感到痛苦。

如此一來便會造成一種錯覺，認為心情比昨天還要差一點，或覺得病情可能在惡化。

說明治療過程中會出現大波浪與小波浪後，大多數病人都覺得有理而對我的說詞表示認同。

「的確是這樣呢，我覺得比2個月前好多了。」

「至少比那個時候好多了，有時狀態不佳也是難免的嘛。」

POINT

●若以短短幾天為單位，會覺得病況惡化了，但如果以1個月或3個月為單位，會發現病情正在好轉。

●正因為竭盡全力以康復為目標，才會週期性地覺得痛苦而導致狀態變糟。

Q.25 哪些事項最好先向醫生問清楚？

Ans. 除了藥物外，還要詢問治療期間與療程，以便有個大致的概念。

事實上，試圖盡快結束診察的醫生不在少數。一切聽從醫生的指示，然後離開診察室，和睦又輕鬆。然而，病人應該也都會希望治療是有效的，以便盡快恢復吧。如此一來，病人就必須思考，自己該主動做些什麼才好。

對治療的整體樣貌是否有概念，將會關乎到病情的進程

首先，大家務必先了解一點，即我們目前所面臨的問題，也就是心理水位

下降、所謂的憂鬱症，是只要適當服藥並休養便可確實治癒的。陷入憂鬱狀態的人當中，有一部分的人是罹患雙相情緒障礙症（躁鬱症），關於這種疾病，以現今的醫學來說，可能必須與之共處一輩子。然而，即便在這樣的情況下，只要透過藥物來控制其症狀的波動，仍可輕鬆度日。

醫生應該向病人解釋：

「讓我們確實抑制躁鬱狀態上揚的曲線，避免頻繁陷入憂鬱狀態吧。透過藥物治療，一定可以逐漸改善生活的品質與輕鬆度，所以讓我們一起努力吧。」

無論是較單純的憂鬱症，抑或是躁鬱症，重要的是讓病人理解目前的狀態而可對治療的整體樣貌有大致的概念。

能否預估出一個大概的時間以作為目標，將會大大左右疾病的恢復過程。

應該問的是「我大概要服用這種藥物到什麼時候？」而不是「我什麼時候會痊癒？」

關於恢復期的預估，每位醫生的說明方式各有不同。

以我的情況來說，都是採取這樣的說法：

「依你的症狀來看，預估大約3個月至半年會確實好轉。病情好轉後，最好再服藥數月。之後再循序漸進地減少劑量，所以長遠來看可能需要1年的時間。」

舉例來說，在春天上門的病人，如果要花1年左右的時間，那我可能會這麼說：

「我們在這一年內先專注於治療吧！」

病人還是會想知道一個目標，所以我認為醫生應該告訴他們這些。

醫生如果被問到：「我什麼時候會痊癒？」，通常會答不上來。

改問：「我大概要服用這種藥物到什麼時候？」應該會比較容易回答。

重要的是對「將會如何逐漸好轉」有個大致概念

病人對於病情好轉的可能性或痊癒等很難有個大致的概念，尤其是在治療初期。

任何人都會受限於「我再這樣下去可能會變成廢物」的消極想法。

這種時候，醫生如何帶給病人希望的曙光是很重要的。

然而，有些診所不會給出任何指示。

以病人的角度來說，如果一直不知道自己是否有所好轉，應該會極度不安。

醫生至少說句：「不久後就會逐漸好起來的」也聊勝於無。

當然，最好還是在診斷後告訴病人一個預估的時間，而不光只是含糊的「不久後」。

對病人而言，即便無法明確掌握痊癒的時間，還是會想了解該如何從現在開始改善。

服用藥物基本上是一件麻煩的事。但是畢竟是要強迫病人服藥，所以我認為醫護這方必須慎重地告知病人，這些藥物所具備的效果值得克服這些麻煩，有助於改善病情。

令人感嘆的是，當病人主動詢問時，有些醫生可能還會露出不耐煩的表情。

儘管如此，最好還是針對本章所列舉出的處方藥種類與最大劑量，向醫生確認自己所服用的劑量與副作用，並問清楚大概要持續服用多長時間。

雖然有點麻煩，但是確實做到這一點是一種自我保護，還可促進治療。

POINT

- 對時間長短等治療的整體樣貌是否有概念，將會左右疾病的療程。
- 亦可問問醫生：「我大概要服用這種藥物到什麼時候？」
- 有些醫生可能會面露不耐煩的表情，但還是問清楚為佳。

Column 4

這是一份多麼重要且責任重大的工作？坦白說，我在擔任產業醫師時總是戰戰兢兢。

產業醫師應確實執行的事項

公司針對留職停薪期所規定的限制，是主治醫生面臨的一大難題。

企業會制訂留職停薪期的上限，如果能在這個期限內完成治療，康復並做好復職的準備，是最理想的情況。

然而，對病人而言最完善的規劃，有時無法在企業所設的留職停薪期內完成。

即便主治醫生表示：

「我認為這位○○先生／女士需要4或5個月才能逐漸恢復到良好的狀態。」

有些公司仍會回道：

「沒辦法，我們公司只允許留職停薪3個月。」

產業醫師應該確實做好這方面的交涉。

「我們公司的規定就是這樣，如果超過3個月，就必須離職。」

面對這樣的企業，勢必得堅持交涉到最後。

摸索出一條便於員工工作之路，也能為企業帶來利益，這點不言自明。

不用說，對企業來說，員工的心理健康日漸重要，而且顯然各家企業往後愈來愈有必要與產業醫師攜手合作。

敷衍了事的產業醫師不在少數

對員工而言，能否重返職場真的是攸關生死的問題。

然而，以一句「主治醫生不是說你已經可以復職了嗎？那就沒問題啦！」就敷衍了事的產業醫師卻很常見。

問題是，他們究竟是依據什麼來做判斷的呢？

「這位員工目前暫且先調到其他部門，應該會比較順利。」

「主治醫生也表示只要再休1個月就夠了。休養期間我們也有持續面談，只要再給他1個月，就能確實恢復到良好狀態並回到工作崗位。」

我認為產業醫師的工作便是透過這些溝通來與公司交涉。

無法交涉的原因在於產業醫師並未掌握該有的訊息。

面對已經心理失調的員工，只透過短短的面談便下定論：

「好的，請你好好休息，留職停薪，就這麼定了！」

就此拍板定案。

然後幾個月後又突然出現，

「狀況如何？好像有比較好了呢。拿到主治醫生的復職診斷書了？那就沒問題，可以復職了！」

工作這般敷衍了事是可以接受的嗎？

如果要讓沒有確實參與其中的產業醫師這般草草了事，不如讓經常觀察員工狀況的人力資源管理負責人來進行復職的面談還比較有意義。

之所以不以身為產業醫師為榮，是因為他們只會安於參加衛生委員會或職場巡視這類規定內的職務吧。

產業醫師的一句話就能決定一切

往後的時代，將會有許多員工經歷心理失調的時期。

產業醫師可以左右這些員工的未來，可說是舉足輕重的要角之一，這是多麼責任重大的一份工作呀。

坦白說，我在擔任產業醫師時總是戰戰兢兢。

因為我的一句話就足以決定一切，不光是該員工本身往後的發展，還會影響到其家人、親戚、所處社區、男朋友或女朋友對其的評價。

沒有什麼工作的責任比這個更沉重的了。

我認為，如果沒有這份覺悟，最好還是別當產業醫師。

員工留職停薪的期間，情況允許的話，產業醫師也應該參與其中。每個月1次左右即可。

「你最近一整天都是怎麼度過的呢？」10分鐘或15分鐘都好，希望像這樣持續進行面談。

你對身為一名產業醫師的責任
有所自覺嗎？

Q.26

我和配偶或伴侶相處得不甚融洽，該如何是好？

Ans.

相處的不融洽也是沒有辦法的事。

亦可考慮另一個辦法：設法取得其諒解並暫時分居。

把伴侶也請來診所進行說明

同在一個屋簷下，你如果陷入心理失調的狀態，伴侶會擔心也是理所當然的。

對伴侶來說，應該會覺得一些以前根本不可能發生的事卻接踵而來。以前很開朗的你卻變得陰鬱，一直犯同樣的錯，做事變得不得要領，還老是添麻煩。

應該已經被你搞得相當不快且不安。

我都會告訴病人，請盡快偕同配偶或伴侶來診療處一趟。

有些病人表示會自己溝通。在這種情況下，我會苦口婆心地勸道：

「不行，你如果能夠順暢無礙地表達，現在就不會覺得這麼痛苦了。並不是不信任你，而是你目前的狀態無法精準表達，所以請試著交給我來處理。我好歹也是醫生。由我來說，會有一定程度的緊張關係，而且應該會比聽你說更有說服力吧。」

我會這般說服病人把伴侶帶來。

「你再不振作起來不行呀！別老是沉著一張臉。」

「早上一定要起來，做些運動也好。」

——伴侶會想這樣數落一番也是可以理解的。

然而，正如我一直強調的，病人目前就是做不到這些，好好休息才是最重要的。

因此，我會向其說明病人的狀況來取得諒解。

重要的是，主治醫生也要傾聽伴侶的心聲

然後，身為主治醫生，這個時候的一大關鍵便是傾聽。

「喔，原來是這樣啊。醫生你說的我也明白了。

但是這大半年來，我不斷用自己的方式守護著諸事不順的丈夫，我一直以來都是這樣支持他的。」

「我們在經濟上已經漸漸不堪負荷了。」

「一直以來幾乎都是我獨自負責照顧孩子。」

伴侶這方當然也會有這類不滿與辛酸苦楚。

我也希望他們能盡情對我傾訴。

仔細聆聽其難處後，該說的話還是要說：

「但是呢，他本人現在就算真的想做也辦不到呀。」

在理解雙方狀況的前提下，明確告訴他們，我們當中沒有任何一個人是壞

人，切忌說出只有病人令人同情這樣的話。

不僅如此，還要說服其伴侶理解：

「你的伴侶目前正處於這樣的狀態，就多多包容並諒解他吧。」

暫時分居是最佳作法

無論怎麼讓其伴侶理解休息的必要性，只要一起生活，就會持續感到煩躁。

直到剛剛都還在玩遊戲，結果轉眼間又睡著了，還會在奇怪的時間點說肚子餓，伴侶會因為獨自包辦所有事務而感到惱火。

心煩意亂的伴侶對病人而言也是一種壓力。

會讓病人心生愧疚。

「看著我這副德性肯定很煩躁吧。但我就是動不了，該如何是好呀？」

病人內心的罪惡感與焦慮會不斷膨脹。

因此，暫時將生活劃分開來，分居為上上之策。

最常見的案例是選擇回老家。若是雙親年事已高，或是沒有老家可回等，有些情況下會請一方去住旅館。

受到新冠肺炎疫情的影響而生意清淡的時期，有些住宿費較為低廉，每月只需5、6萬日圓左右，有好幾對夫妻就利用了這一點。

並不是每一個家庭在經濟上都有此餘裕，但是與其讓雙方都煩躁不已，此法可說是比較合理的選擇。

伴侶也很不容易，所以有時也會請其來看診

在無法分居的情況下，我的診所有時會請其配偶或伴侶也來看診。

如果只能待在同一個屋簷下，我會告訴他們：

「先生當然要繼續來診，不過太太也應該時不時來我這裡傾倒一下怒火或痛苦等情緒。」

雖說是心理診所，並不表示只有生病的人才能來。

這種疾病是要由家人一起共同承擔的，沒有規定伴侶非得獨自努力不可。我會告訴他們，同在一個屋簷下是很難熬的，所以請到我這裡傾訴這些情緒。

伴侶也務必到診所來！

如果不設法照顧到這一方，伴侶有時也會因為精疲力竭而陷入心理失調。雖說是來看診，目的卻不是開立藥方，而是單純地傾聽。有個雙方狀況都照顧到的環境，或是有個理解自己的人，都會成為心靈上的支柱，所以不讓任何一方獨自承受也是很重要的。

「我知道你也很不容易。」

有人肯對自己說這樣的話，不僅對伴侶來說是一種慰藉，最終對病人也有益處。

讓他們明白「惡其病而不惡其人」的道理

在患病後的半年或1年間，甚至考慮要離婚——這樣的情況並不罕見。

有句話說得極好：「惡其病而不惡其人。」

我常開玩笑對其伴侶說：

「你先生（太太）的行為並非出於惡意。如果這種疾病可以大發慈悲滾去別的地方，你先生（太太）仍舊是你認知中那般美好的伴侶，沒變！不過如果這疾病逃之夭夭後，你還是覺得這個人和以前不一樣的話，那可能真的變了吧。」

POINT

●繼續讓伴侶感到不快或不安也不是辦法。

●請伴侶也一起來診所，讓他們理解目前最重要的是讓病人好好休息。

●重要的是，主治醫生也要好好傾聽其伴侶的心聲。

●情況允許的話，暫時分開生活為宜。

●讓伴侶理解是因為疾病才導致現在的狀況。

Q.27 該如何面對父母或孩子？

Ans. 一般來說，不要對父母說明比較好。孩子會有所察覺，通常無須擔心也能安然度過。

如果並未與父母同住，以結果來說，不說明比較好

如果已經不在父母身邊，是否要把狀況告訴父母應視情況而定。

如果聽說父母比較愛操心，我會建議：

「不說也無妨吧？」

對病人而言，當下最重要的並不是獲得父母的理解，而是讓自己確實好起來，之後再好好盡孝即可。

個性認真的人往往會認為：「不行，對父母也必須據實以告。」

但我會告訴他們：

「讓父母為你操心，會增添你和父母的負擔，既然如此，也可以選擇現在先不說。這算是善意的謊言。無論是日常生活、工作，或是感冒了，你本來就不會什麼事都跟父母分享吧？」

另一方面，如果是與父母同住，那就不得不坦白了。

如果同居的父母會因為擔心而叨叨唸唸，那麼最好比照伴侶的情況辦理，把父母也一起帶來診所，由我來說明比較好。

孩子具備體察的能力。相較之下，肩負育兒重任的伴侶才是問題所在

該如何跟孩子解釋看似困難，解決起來卻意外地容易。

關於病人與自家孩子的相處，我至今聽過各式各樣的模式。

然而，我很少聽到病人因聽到孩子說出：「就算沒精神也要努力！」之類

的話，導致病情往不理想的方向發展而苦惱的。

我認為孩子都很聰明。

他們具備體察的能力，會察言觀色而感覺到大人似乎很辛苦或和平常有所不同。

我家也是如此，當我身體狀況不佳時，或是累得呼呼大睡時，孩子竟然都不會來叫我起床。

我認為不必為了該怎麼跟孩子說明而考慮那麼多。

如果你有孩子，那麼相較之下，丈夫或妻子等伴侶才是問題所在。畢竟要一肩扛起包括育兒在內的一切事務，所以會非常辛苦。

我會這麼說：

「你現在得不到任何人的幫助，努力獨自操辦一切。你先生（太太）虧欠你的實在太多了，你把這個家照顧得很好，好到他（她）應該都要抬不起頭了。所以呀，你先生（太太）肯定會對你心懷感激，至死不渝！」

然後我還會對需要靜養的先生（太太）說：

「等你好起來後，一定要對你太太（先生）倍加呵護才行。不過現在什麼都別做，只想著讓自己好好休息並邁向康復之路吧！」

POINT

- 一般來說，如果並未同住，不要告訴愛操心的父母會比較好。
- 孩子都很聰明，所以意外地無須擔心。
- 連育兒都必須獨自承擔的伴侶比較需要關心。

Q.28 是否可以與公司關係較親近的同事保持聯繫？

Ans. 即便是關係良好的同事，還是會受到傷害，所以最好盡量不要接觸。

透過私有位址，只和一位人力資源管理負責人取得聯繫

一旦與公司的人接觸，就無可避免地會想起以前工作時的事。無論是接觸的人數或頻率都應極力降低，如果可以，降到零接觸是最理想的。

應避免正式的互動，當然與工作有關的交流都不行。

我會要求病人做得徹底一點，比如停用電子郵件與聊天工具，如有公司的手機則應先關機等。

我會告訴病人，請準備一個私有位址，每個月只和一位固定的人力資源管理負責人進行一次關於傷病給付的溝通等，並且只用該電子郵件來安排與產業醫師的面談等必要的互動。

即便是較親近同事的善意聯繫，還是會受到傷害

有些同事會因為在職場上的關係不錯而想跟你打聲招呼，但是就連這類聯絡都最好隔絕在外。

「如果有什麼我們幫得上忙的要說喔！」

較親近的主管或同事可能會出於善意而與你聯繫。

當事人想必也覺得這份心意令人欣喜。

然而，許多案例都是因為當事人是個會顧慮較多的人才會生病。只要接到聯絡，就會認為自己讓別人這麼擔心而自責，反而造成負擔。

或許還會覺得這是一種「你不在，大家工作都很辛苦，趕快回來吧」的

訊息。反之，如果被安慰「雖然你不在，不過我們還能應付，所以你不必擔心」，可能會覺得自己是不被需要的。

換句話說，無論對方說什麼，自己都會受到傷害。

希望職場上仍保有自己的一席之地，但又因為無法工作而希望不要有人來搭理——當事人會因為這種自相矛盾的心情而混亂不已。

無論是為自己擔憂的公司相關人員或友人，都應該盡量減少接觸。基本上不必聯繫，有話大可以後再說。

因為這段時期只是暫時中斷聯繫，並不是終生斷絕往來。

POINT

●只和一位人力資源管理負責人進行必要的互動。
●就連比較親近的主管或同事出於善意而聯繫，都會造成負擔並受到傷害。

Q.29 事先詳細告知可信任的友人比較好？

Ans. 原則上，當心理水位降至最低時，最好與周遭的人斷絕聯繫。

即便對方沒有惡意，也會因其反應而動搖

有些情況下，是認為事先告訴別人自己正處於什麼樣的失調狀態會比較好而說出來；而有些情況則是自己想圖個輕鬆一吐為快。

無論是哪一種情況，都有可能因為對方所做出的反應而大大受到動搖。

如果我是傾聽的那一方，會以：

「那真的很痛苦呀，我懂我懂。」

來回應，原則上就是全部接納並表示感同身受。

「真是辛苦了，你做得很好了。」

這句話就夠了，而且也只能這樣回答。

然而，有時候可能會因為對方一句：「什麼？你怎麼會變得這麼慘呀！」的無心話語而受到傷害。

有些人明知現在說這些會造成負擔，但認為是為了對方好而說出：「換作是我，我可能做不到」之類的話，這也是莫可奈何的事。

即便友人並無惡意，但還是有可能在對話中提到最近在做哪些工作等話題。自己正處於什麼都做不到的脆弱狀態之中，如果聽到對方的活躍事蹟，會覺得更加孤立。

就這層意義來說，請明白一點：要向他人傳達「我現在正處於這樣的狀態，身心俱疲，請理解我、懂我」實在過於費力，卻沒太大益處。

最好抱持這樣的想法：無論關係多麼親密，在自己脆弱的時期要獲得對方的理解並不容易，往往是強人所難，還不如以健全的方式隱居在家中。

如果是真正的朋友，事後告知應該也能體諒

如果有人還是擔心沒事先告訴朋友是否不妥，我會這樣開導：

「你試著想像一下朋友的心情。在理由不明的狀況下，突然聯絡不上你。原因無他，就單純是因為你飽受折磨而無法跟任何人見面或聯絡。他事後聽聞此事會怎麼想？氣憤痛罵『這個傢伙竟然連個聯絡都沒有』！他是這種朋友嗎？」

每當我這樣一說，大家都會回答：

「不是，我認為他不是那種人。」

這就對了。如果對方是那種任何事情都必須一五一十地交代才能維繫今後

友誼的人，趁此機會絕交應該也不是壞事吧？

如果是真正的朋友，3個月後或半年後主動聯繫表達歉意，並告知其實之前處於什麼樣的狀態，但現在已經好得差不多了，想必對方會以「我一直很擔心你呀」來回應。

POINT

●無論是如何親密的對象，在自己脆弱的時期要取得對方的理解並不容易。

●即便無法聯絡，只要之後解釋一番，朋友應該都會理解的。

Q.30 逐步轉換成輕鬆活著的模式是怎麼一回事？

Ans. 從開始思索自己為什麼會變成這樣的階段開始，會逐漸改變，成為一個全新的自己。

心理水位下降的人大多都是個性認真，且循規蹈矩的類型。往往認定事情就該這麼做，凡事自己承擔而不願交託給他人。這樣的人開始考慮改變自己一直以來的行事方向，試著得過且過，對自己好一點。這便是我所謂的逐步轉換成輕鬆活著的模式。

正如同我在本書開篇就提到的：

「你將無法跟以前一樣，而是變得比以前更好。」

思考「我為什麼會變成這樣？」並回顧自己的過去

在病人持續恢復的過程中，只要一提到：

「如果懷揣著曾休息過一段時日很羞恥的想法，再度回歸職場與日常生活，很有可能又陷入同樣的狀況。」

大家的反應都是：

「不行，絕對不行。我不想再經歷一次這種感覺。」

接下來便是認知行為療法發揮作用的時候了。

在所謂的5分鐘診療中是做不到這一點的，不過還是來談談在我的診所裡所採取的作法吧。

說起來，陷入這種狀態的人早就已經喪失信心了。自身的缺失也好，一直以來多麼逞強也罷，這些就算我不說，他們都心裡有數。

在我強調第1階段要好好耍廢、悠哉休息的期間，大家還是會一直想著這些事：

「我為什麼會變成這樣？」

「是我太脆弱？還是周遭的人都太堅強？」

「是因為我這種愛鑽牛角尖的個性，才會一直累積負面情緒嗎？」

「是因為我都不找人商量或適時放鬆，才會瀕臨極限嗎？」

「就算活著，往後又有什麼樂趣？」

「我有哪一段時期是充實的嗎？」

病人會以各式各樣的問題來問自己。

在第1階段，就算想得再多也理不出頭緒。只會一直糾結著同樣的事，或是想法浮現後又消失。

然而，在這個階段模糊不清的那些思緒，會隨著恢復而逐漸彙整起來。

然後，到了第2與第3階段之後，會漸漸能夠針對「我究竟是什麼樣的人？」、「工作在我的人生中究竟算什麼？」等問題做出結論。

當我試著詢問：

「這段期間你是不是一直拚命回想自己的過往？」

得到的回覆往往是：

「啊，確實如此。我東想西想了很多事。」

我又追問：

「那麼，經過這次的休養，你是如何看待自己的呢？有想想今後希望怎麼過嗎？」

「這個嘛，我深切體會到，自己就是這種類型的人。然後想要改變卻改變不了，所以才會走到這一步吧。」

病人通常已經能夠確實做出這樣的回應。

有所領悟後，會逐漸蛻變成一個全新的自己，輕鬆地活著

我們這些做醫生的，並不會在這種時候提示病人什麼樣的人格較為理想。

而是由病人回顧自身的過往，並思考今後想成為什麼樣的人。

如果病人得出的答案是「還是跟以前一樣就好」，那麼醫生的回應便是「這樣啊，那就照以前那樣吧。」

然而，大多數人的結論都是：「我認為這種思考方式一直在扯自己的後腿，這次學到教訓了，所以我想改變。」

「那麼不妨試著成為一個稍微不一樣的自己吧！」

也就是決定不要回到過去的自己。

這是病人自行領悟並逐漸蛻變成一個全新的自己，所以就當事人來說，是一個自然而然的發展過程。

然後漸漸體會輕鬆活著、輕鬆過日子、輕鬆做事的感受。

像我這樣的醫生所做的事其實根本微不足道。

我要做的並不是勸說病人改變，或是開設迷你講座諄諄教誨，醫師的職責在於如何貼近當事人的自癒力。

我們所做的，頂多就是在病人休息並逐漸恢復的這段期間從旁支援、開立藥方，之後再於適切的時間點進行提問。

想必大家都已經明白，病人最終都是靠自己逐漸恢復的。

我覺得人類真的是很了不起的生物。

POINT

- 個性認真而總是獨自承擔的人會開始轉換方向。
- 在第1階段的耍廢時期，也會不斷回顧自身的過往。
- 一步步恢復後，便會開始思考今後想成為什麼樣的人。
- 理出答案，知道自己今後想成為什麼樣的人。

Column 5

想要盡快且確實康復的人，最好不要找上這樣的醫生。

只會問「狀況如何？」卻不讓病人好好說話的醫生

在典型的問題案例中，較常聽到的便是有些醫生總是只會問：「狀況如何？」。

被這麼一問，病人就只能回答：「喔，還好，勉強過得去」，然後醫生說一句：「那就繼續開一樣的藥給你吧」，便結束診察。

這便是普世皆然的現實，十分棘手。

病人要在診察室內傳達自己的煩惱是相當困難的一件事。

因此，應該由醫生這方來引導，透過閒聊來緩解心情：

「你早上會很早就醒來嗎？還會覺得刷牙很麻煩嗎？你白天都怎麼度過的？心情如何？感覺比上週還要開朗呢？還是變得更痛苦呢？」

應該像這樣不疾不徐地一個一個發問。

不問清楚這些的話就是醫生怠忽職守。

若冷不防被問到：「狀況如何？」，病人就只會回答：「嗯，勉強還算可以吧」。

這種問法有種不讓對方多說些什麼的威嚇作用呢。

如果是置之不理就會日漸惡化的疾病，醫生應該會更急切。然而，心理失調則是只要好好休息，沒發生太大狀況就不會持續惡化。因為會自然而然地好轉，慢慢自癒，所以醫生並不著急。

會問「狀況如何？」然後早早結束診察的那種醫生，並不會試圖理解病人的迫切之情。

他們根本沒想過該如何費心思幫助病人盡早恢復良好的狀態。

我認為，如果醫生想要大幅縮短恢復的時間，應該要仔細詢問並加以應對才是。

以醫生的角度來說，讓病人長期來看診比較輕鬆且能獲利。來醫院多次，而且已經知道是什麼樣的人，與這樣的對象互動會比較輕鬆。如果是新來的病人，就必須進行初步診斷並輸入病患是什麼樣的人，既花時間又麻煩。恢復時間拉長而必須持續到醫院就診，病人的複診率愈高就愈賺錢——就是這麼一個可悲的結構。

不過這類醫生在面對總想著「好想消失」、「真想一死了之」的重度憂鬱症患者時，還是會嚴陣以待並正面回應的。

至於「好鬱卒，總覺得提不起勁，累死了」的病人，則是二話不說先開藥。之後只要再問問：「狀況如何？還可以是嗎？那就開一樣的藥喔」就結束，這是最「有效率」的作法。

如果找上這樣的診所，就應該知道要盡快恢復是不可能的。

主張以高壓方式進行治療的醫生

這是從我的治療方針延伸出來的想法：把力氣花在醫治上是行不通的。

若採取「由我來治好你」的這種姿態，在精神科的治療上往往窒礙難行。

「反正乖乖聽我的話準沒錯！」、「就是沒有按時服藥才會好不了！」、「你根本沒按我說的做嘛！」這種高壓型的醫生多不勝數。

醫生下達指示後，病人沒有完全理解就離開。

病人偶爾會沒按時服藥或未遵照醫囑，這都是因為心有不服吧。所以我才會認為發號施令型的醫生不太理想。

只會說「照我說的做就對了」的醫生，大多不會詳細地說明。

「你是想痊癒才來這裡的吧？那就照我說的做！」這種居高臨下的姿態已經是舊式作風了。

如此一來，即便具備大量的醫學知識也毫無用武之地。

如果認為病人的見解或感想這類訊息，是沒有必要且不願意傾聽的話，是無法進行精神科治療的。

因為精神科就是一門特別注重互動的科別。

說得極端一點，「不善言辭但手術了得的外科醫生」或許是存在的，但是「無法溝通的精神科醫生」卻是不允許的。

站在與病人一樣的角度來進行對話，這項技能是不可或缺的。

比方說，我們以用藥的例子來解釋。

治療並非單靠醫生來進行的。每一位精神科醫師都是判斷A藥物應該對病人相當有效才會開藥。然而，開藥是一種反覆嘗試的過程，並不會百分之百合適。

我都是這樣向病人解釋：

「關於這次開給你的藥，另有其他幾種同類型的藥物。我之所以選用這種藥，是認為這種藥對你比較好。不過如果2、3週後還沒有顯著效果，屆時可能會換成其他的藥。讓我們一起找到最適合你的藥吧。」

只要這般說明，病人也會信服而願意服藥。

然而，假如醫生只說一句：「我先開這個藥給你」，病人服用後卻不見成效。

一旦被告知「即將換藥」，病人就會開始疑神疑鬼，猜想是不是治療不順利、自己是不是特別難治，或是醫生出了錯等。

為了獲取病人的認同來推進療程，醫生的話語是必要的，必須讓病人再小的不安都能說出口。

如此一來就很花時間。所以不想投入時間的醫生就會往「不讓病人發言」的方向來進行。

令人遺憾的是，有不少醫生會以診所的經營角度出發，試圖在5分鐘內完成診療。

儘管如此，為了成為「聰明的患者」而非「聰明的消費者」，遇到無法信服的事情最好開口詢問。這麼做應該就能得到解答。

如果被冷漠對待，還被打斷對話，那這樣的醫生不看也罷。

將煩悶的心情據實以告

Column 6

我是這樣當上精神科醫師的。

【橫掃大樓】

大家聽過「橫掃大樓（ビル倒し）」這個詞嗎？

其實就是上門推銷。鎖定特定大樓後，便從上面樓層逐一往下一一上門推銷。

挨家挨戶按門鈴，一開口就說：

「不好意思，我是瑞可利控股公司的業務。我沒有先預約，不過……」

我一畢業就進入瑞可利控股公司，也曾做過這樣的工作。

像這樣一家家按門鈴，5家公司中只要有1家肯讓我進門就算是幸運的了——實情大概是這樣。

假設約10層的大樓裡，每層樓有3家公司進駐，一共就是30家公司。必須從頭到尾全部走訪。如果能從中爭取到1家公司的訂單就算不錯了。

從早上開始，直到傍晚，馬不停蹄地走訪。按鈴推銷失敗後，只好說：「我明白了。之後還請多多關照。」

在這過程中，無論是鞠躬哈腰還是被破口大罵，都漸漸麻木了。「不好意思，我之後再來拜訪。」、「不必再來了！」、「打擾了，很抱歉占用您寶貴的時間！」一而再地重複著這樣的對話。

有人告訴我，推銷就是先以量取勝。就算挨罵也只管去做，做不到就乾脆辭職。

我就病了，這工作果然太吃力了。

不僅如此，我還得把《日經新聞》或《工業新聞》等從頭到尾看過一遍，從中挑出公司，每天大約要打100通電話。即便成功預約了幾家公司，實際走訪後，能取得3家左右的廣告已經是不錯的成績了。

同期的同事都去了負責應屆畢業生與轉職等的人力資源部門，或是婚禮部門等炙手可熱的地方，開口閉口就是拿到1億日圓的訂單啦、這次少了５０００萬日圓的業績等等。

反觀我自己，目標卻只有區區的１００萬日圓。

這個部門是經營支援數位生活的網站，而我是業務，但是業績卻是30萬日圓等，令人灰心。

最低價的項目還不到10萬日圓，卻還是推銷不出去。

就算跟同期的同事解釋也得不到理解。

得到的回應不外乎「你那個部門是做什麼的啊？」、「目標是多少？」、「連１００萬日圓都達不到嗎？」等等。

我並不想從事業務工作，也推銷不出去，而其他人都如魚得水般朝氣蓬勃地四處推銷。

繼續這樣工作下去，就漸漸病了。我開始迷惘，不知道自己在做什麼。

有人告訴我，推銷是最基本的關鍵，逃避就沒戲唱了。

當時與現在不可同日而語，因為不適合而換工作是不被允許的，而我的情況是，無論是大學還是求職，都是歷經重考、延畢，好不容易才找到一份工作，連父母都愕然。

如果說要辭職，恐怕又要承受冷嘲熱諷吧？這樣的處境讓我連辭職都辦不到。總之就是地獄。

如今回想起來，當時應該是處於憂鬱狀態。

我不想上班。就算去了，滿腦子也只想著「那棟大樓的某個樓層現在還沒租出去，去那裡稍微放空1小時左右好了」、「某家咖啡館不會被發現，去那裡休息一下吧」等等。

大概是習得性無助吧，我一心一意只想逃避。就算多少推銷出去了，也不會帶給我快樂。感覺好像某處的靈魂出竅了，思緒恍恍惚惚。

該怎麼做才能不必工作呢？能結束這漫長的1天嗎？今天要找什麼樣的藉口才能請假？我成天只想著這些。

正因如此，我如今才能想像那些陷入心理失調的人是作何感受。

【對產業醫師的怒火】

在我進公司後的第4年，公司內部有了一套員工異動制度，我設法申請了異動，這次調到了所謂的網路行銷部，是一個較時興的部門。

那時發生了一件事。

有一名外包的後輩精神崩潰了，我陪著他去找產業醫師面談，但那次的面談實在過於淡漠且公事公辦。

雖然當時還不知道這就是憂鬱症，但自己也經歷過一段痛不欲生的時期。所以看到那位後輩因為心理失調而飽受折磨，實在無法置身事外。

進入產業醫師的面談室後，看到的是一名年近50的醫生。

我雖然不太了解產業醫師這個職業，不過說是要和醫生面談，便心生依賴，認為應該會獲得脫離苦海的建議或智慧而有所期待。

結果得到的都是一些流於表面的話，「你看起來很痛苦，那就休息一下吧。請自行找家診所。好的，面談結束」，大概就是這種感覺。

連3分鐘都不到。

我大受衝擊，心想著：「什麼？這樣就結束了？」

根本什麼話都還沒開始說，醫生不僅不聽人傾訴，連一句鼓勵或建議該怎麼做的話都沒有。

我實在過於震驚而茫然。

幾天後，我闖進那位產業醫師的辦公室。

並以此逼問：

「我是前幾天陪同事來與您面談的人，說實在的，我完全無法理解那段時間您有什麼作為？話說回來，產業醫師究竟是幹什麼的？」

結果他的回答又讓我再次受到衝擊。

「產業醫師就是醫生的兼職吧。」他說道。

我不禁仰天長嘆。

在此之前，我一直很尊敬醫師這個職業，卻被告知是為了錢的兼差。一想到我們是拚命想依賴一個為了賺錢而來兼差的人，眼淚幾乎要奪眶而出。

我詢問那位醫生的專業是什麼，他自稱是內科醫師。我實在不明白，一名內科醫師怎麼會成為產業醫師。

他向我解釋，只要是醫生，參加規定的講座後，無論是哪一科別的醫生都能取得產業醫師的資格。只要有了這份資格，任何人都能從事這份工作。

我一直以為，因為涉及心理問題，產業醫師應該是精神科的醫生才對。但依這規則，擔任產業醫師的並非僅限於精神科出身。

令人產生「總覺得醫生好像不太懂心理方面的問題耶」、「嗯，好像比精神科醫師差了一截」之類的感想。

「哇，我的生殺大權居然握在這種產業醫師手裡？」思及至此，頓感全身無力。

那是一種憤怒衝破最高點而氣力盡失的狀態。

然而，我當下莫名湧現一股不知該說是樂觀天性還是積極心態，決定「那就由我來當產業醫師」。

我是這麼想的：醫師可能很厲害，但要一個對上班族處境一無所知且非專業科別的人，只因滿足法律條件就來當產業醫師，那還不如由我來傾聽大家的心聲還比較好吧？

產業醫師應該成為一座堡壘，必須是大家求助的對象。既然如此，就由我來成為這樣的角色吧。

我並沒有做好適當的調查就立即向主管提交了辭職信，並於2006年3月離職。這意味著我過了5年的上班族生活。

大概是辭掉工作後，學習的專注力變得驚人。

我還去上插班考醫學院的衝刺補習班，卯足全力地學習。

每當有點疲累想睡時，就會回想與產業醫師面談時的狀況，然後憑藉著「可惡！我絕對要努力成為產業醫師！」

這種堅定的意志與執念辦到了。

然後，我就插班進入弘前大學醫學院醫學系，成為了3年級生。這是2007年4月我30歲時的事。

結語

本書並不是那種教大家在心理脆弱時把各個項目全做一遍的實踐型書籍。是不是沒把書中內容全記在腦中就無法達到目標？沒這回事！

每個人的個性與生活方式都各有不同。我認為不妨試著從書中的提示中尋找，看看自己的心靈濾網會篩選出哪些內容。

針對手指怎麼擺、腳怎麼安放會比較舒適探尋一番，調整成適合自己的姿態即可。

我接觸過許多心理失調的人。

我認為，對當事人而言，從心理水位低落的狀態步步回升的這項作業，是一段成長、重新定義生活方式、尋求更充實自我的時期。

我確信，正是這段苦苦掙扎的時間，降低了當事人今後受到相同情況威脅的可能性。

正因為煩惱過，在恢復之後才會脫胎換骨成為一個更好的自己，有更美好的日子等在前方。

我從未抱持著「無法治癒」的想法接待任何一位病人。

如果是罹患嚴重的身體疾病，有些情況下可能必須說出：「很遺憾，痊癒的機率只有５０％」這種話。

然而，來到心理診所的病人，即便已經虛弱到動彈不得，我還是毫不懷疑他們能夠活得比以前更輕鬆並再次開始工作。

我在診療之初都會告訴病人：「你一定會好起來的」，或許其中也有我一廂情願的成分。

然而，我一直奉行這樣的信念，而結果是大家都確實有了好轉。直至今日，我確信由醫師所傳遞的信念與熱情都會對病人帶來正面的作用。

大概沒有什麼話比醫生告訴你「沒問題的」、「沒事，我們應付得來」更令人安心的了。反之，如果醫生不這麼說，就會覺得自己沒救了吧。自己的經驗也是促使我這麼想的原因之一。

這是我第一次這麼明確地宣之於口，以醫師的角度回顧自己的上班族時期，我認為自己那個時候有段時間陷入憂鬱狀態。

幾乎是處於低谷的狀態。不過那時我並沒有到診所看病，而是設法克服了。

我打了一場孤獨的戰役，自行擬定解決之策，勉強克服了難關。

我總認為，現在所接觸的病人也一定可以設法度過，這股信念或許與那段嚴峻的經歷息息相關。

我憑一己之力恢復了，所以請大家也自己想辦法解決——我不這麼認為，也不建議這麼做。

我順利度過純屬僥倖，不僅艱難無比，且只要踏錯一步很可能就會造成慘不忍睹的嚴重傷害。

如果試圖獨自克服，或許真能設法度過。

但我認為如果有人願意提供建議與支持，肯定會比較安心。

我打算投入餘生來扮演這個角色。

基於自身的經驗，我深切理解那些陷入這種狀況的人在看不見曙光的黑暗中苦苦掙扎有多麼痛苦。

我認為，在這樣的狀態中，抱持著總會有辦法的信念至關重要，如果有個陪跑者，能設法解決的機率會比較高。

我由衷期望手持本書的每位讀者都能覺得：「啊，我只要像這樣轉念一想，就能柳暗花明呀」。

2022年2月

尾林譽史

國家圖書館出版品預行編目(CIP)資料

上班心好累……不當厭世社畜了！精神科醫生專為上班族所寫的心理健康書／尾林譽史著；童小芳譯. -- 初版. -- 臺北市：臺灣東販股份有限公司, 2022.11
248面：14.7×21公分
譯自：元サラリーマンの精神科医が教える働く人のためのメンタルヘルス術
ISBN 978-626-329-531-5（平裝）

1.CST：心理衛生 2.CST：心身醫學

172.9　　111015822

上班心好累……不當厭世社畜了！
精神科醫生專為上班族所寫的心理健康書

2022年11月1日初版第一刷發行

著　　者　尾林譽史
譯　　者　童小芳
副 主 編　劉皓如
特約編輯　黃琮軒
封面設計　水青子
發 行 人　若森稔雄
發 行 所　台灣東販股份有限公司
＜地址＞台北市南京東路4段130號2F-1
＜電話＞(02)2577-8878
＜傳真＞(02)2577-8896
＜網址＞http://www.tohan.com.tw
郵撥帳號　1405049-4
法律顧問　蕭雄淋律師
總 經 銷　聯合發行股份有限公司
＜電話＞(02)2917-8022